Wilhelm Matthießen

DAS ALTE HAUS

Wilhelm Matthießen

DAS ALTE HAUS

Märchen zum Lesen und Vorlesen

Herder Freiburg · Basel · Wien

Herausgegeben von
Anton Baumeister

Jubiläumsausgabe

Vierte Auflage

Einband: Barbara Bös

Die Erstausgabe erschien 1923
Die Illustrationen von Tamara Ramsay sind der Ausgabe von 1936 entnommen
Der Text der vorliegenden Neuausgabe ist vom Verfasser überarbeitet

© Verlag Herder Freiburg im Breisgau 1984
Alle Rechte vorbehalten – Printed in Germany
Herstellung: Freiburger Graphische Betriebe 1985
ISBN 3-451-20110-0

Inhalt

Das alte Haus	7
Das Märchen von der Großmutterbrille . .	13
Vom Uhrenmännchen und dem Mond . . .	23
Vom heiligen Nikolaus und dem Nußknacker	33
Von dem Fuchs und der Tannenhexe	42
Das Märchen von dem Beerenfräulein . . .	55
Die Hühnerkirmes	67
Das Märchen von den Tannenzapfen	76
Das Märchen von dem armen Gänseblümchen und dem alten Besen . . .	85
Das Märchen von dem guten Kartoffelkönig	98
Das Märchen vom Kasperl in der Mausefalle	103
Der Zwerg im Kohlenkasten	109
Das Märchen von der Kartoffelmaus	122
Die Kinder und der Feuermann	128
Das Märchen von den fünfundzwanzig Bohnenstangen	142
Das Märchen vom Riesen Troll	150
Der Winter und die Schneemänner	160
Von den Christkindbriefen und dem Wind .	173

Nah bei der Stadt, da steht das alte Haus, mitten in einem großen Garten. Hinter dem Garten liegt eine Wiese mit Apfelbäumen und Birnenbäumen. Und durch die Wiese fließt ein kleiner Bach. Wer aber über den Bach springt, der kommt hinter der Wiese zu den Nußhecken und dann gleich in den grünen Wald.

Und vor dem alten Haus steht eine Linde, hoch bis über das Dach. Dunkelgrünes Moos wächst auf diesem Dach, und darunter haben viele Schwalben ihre Nester, und in dem großen Schornstein vom alten Haus wohnen hundert Fledermäuse.

In dem alten Haus aber, da wohnte die Großmutter von den zwei Kindern. Die hießen Peter und Gretel. Und der Peter und die Gretel waren oft bei ihrer Großmutter im alten Haus.

Wenn sie im Sommer kamen und die warme Sonne schien, dann durften sie in den Garten laufen, durften die Stachelbeeren essen, soviel sie wollten, und sich weiße und rote und schwarze Johannisbeeren pflücken und süße Himbeeren.

Im Herbst aber suchten sie auf der Wiese Äpfel und Birnen und schüttelten Nüsse von den Haselhecken.

Im Winter dann, wenn es stürmte und schneite, saßen die Kinder bei der Großmutter am warmen

Herd. Und die Großmutter erzählte Märchen. In den Backofen aber legte sie gelbe und rote Äpfel. Die brieten dann und brutzelten und dufteten, wenn die Großmutter den Kindern Märchen erzählte im alten Haus.

Nun hatte die Großmutter drei Tiere. Einen alten Hund, der hieß Bautz, einen uralten Hahn, der hieß Krahks, und eine ururalte Katze, die hieß Murks. Und diese Tiere spazierten immer mit den Kindern in den Garten. Zuerst ging der alte Hund Bautz, hinter ihm der uralte Hahn Krahks, und hinter dem Hahn die ururalte Katze Murks, und dann die Kinder.

Aber eines Tages kamen die Kinder zu der Großmutter und fragten: „Großmutter, wo sind denn deine Tiere? Im Garten sind sie nicht und auch nicht im Haus!"

Die Großmutter sah die Kinder an und sagte: „Ei, sie sind nicht im Garten, sie sind nicht im Haus? Sie sind in den grünen Wald hinaus!"

Da gingen die Kinder hinauf in den grünen Wald.

Und in dem Wald war es so still, da wehte kein Wind, rauschte kein Blatt wie in Großmutters Garten, da sang kein Vogel im Baum. Und die Kinder blieben stehen und hatten große Angst.

„Wie ist der Wald so still", sagte die Gretel zu dem Peter, „wollen wir nicht lieber zur Großmutter heim ins alte Haus?"

Doch da, auf einmal, hörten sie etwas sprechen im dunklen Wald. Gerad aus den schwarzen Tannen kam es. Und die Kinder fürchteten sich noch mehr.

Aber, was meinst du, da rauschte es in den Tannen, und heraus sprangen die Tiere vom alten Haus, Bautz, der alte Hund, Krahks, der uralte Hahn und die ururalte Katze Murks. Denn die waren es, die miteinander gesprochen hatten im Wald.

Da wunderten die Kinder sich sehr, und der Peter sagte zu dem alten Hund: „Bautz, alter Hund, warum kannst du denn jetzt auf einmal sprechen?"

„Ei, Peter", sagte der alte Hund, „ich bin doch im grünen Wald gewesen, an dem tiefen Fuchsloch unter der alten Tanne. In dieser Fuchsenburg, da wohnt nämlich der große Hundevater. Der ist noch hundert Jahre älter als ich. Und von dem hab' ich das Sprechen gelernt."

„Dann ist es gut, Bautz, alter Hund", sagte der Peter, „aber nun höre, Krahks, uralter Hahn, warum kannst du denn auf einmal auch sprechen?"

"Ei, Peter", krähte der uralte Hahn, "auch ich bin ja im grünen Wald gewesen. Im grünen Wald nämlich, unter der alten Eiche, steht ein winziges Häuschen. Und in dem Häuschen unter der Eiche, da wohnt die große Hühnermutter. Peter, die ist noch tausend Jahre älter als ich. Denk dir, sie hat sogar eine goldene Brille auf. Und von der großen Hühnermutter hab' ich das Sprechen gelernt."

"Dann ist es gut, Krahks, uralter Hahn", sagte der Peter, "aber Murks, ururalte Katze, warum kannst du denn auf einmal sprechen?"

"Ei, Peter", schnurrte die ururalte Katze, "ich bin ja mit den anderen in den wilden Wald gegangen. Da ist nämlich tief im wilden Wald der Mausberg. Und auf dem Mausberg steht eine alte Burg. Darin wohnt der Katzenkönig. Oh, der ist

noch hunderttausend Jahre älter als ich. Einen Schnurrbart hat er, so lang wie ein Besen. Und auf seinem dicken Kopf eine goldene Krone. Ja, und von dem großen Katzenkönig hab' ich das Sprechen gelernt."

„Dann ist es gut, Murks, ururalte Katze", sagte der Peter, „aber nun wollen wir fort aus dem Wald zu der Großmutter ins alte Haus."

Das sagte der Peter, und dann liefen sie alle aus dem dunklen Wald, den Berg hinab, ins alte Haus.

Da freute sich die Großmutter, freute sich sehr, weil die Kinder wiederkamen und die guten Tiere. Und sie gab dem alten Hund einen großen Knochen mit Fleisch daran.

Da sagte der alte Hund: „Danke schön, liebe Großmutter!"

Und dem uralten Hahn gab die Großmutter ein Schüsselchen Körner. „Danke schön, liebe Großmutter", sagte der uralte Hahn.

Der ururalten Katze aber setzte die Großmutter ein Untertäßchen mit Milch hin. „Danke schön, liebe Großmutter", mauzte die ururalte Katze.

Nun bekamen auch die Kinder ihre Milch. Dann holte die Großmutter einen Kuchen aus dem Schrank, mit Eiern gebacken und vielen, vielen Rosinen. Und von dem Kuchen durften die Kinder essen, soviel sie mochten.

Als sie dann genug hatten und der alte Hund seinen Knochen aufgeknackt und der uralte Hahn seine Körner gepickt und die ururalte Katze ihre Milch geschleckt, da war es Abend geworden, da leuchtete im Dunkeln nur das rote Feuer aus dem Herd. Neben den Herd aber setzte sich die Großmutter in ihren Sessel, tat ihre Brille auf die Nase und sagte: „So, Kinder, so, gute Tiere, nun will ich euch ein Märchen erzählen."

„Großmutter", sagte da die ururalte Katze, „warum mußt du denn immer erst deine Brille aufsetzen, wenn du uns Märchen erzählst?"

„Du bist eine kluge ururalte Katze Murks", sagte die Großmutter, „und darum will ich euch jetzt erzählen

Das Märchen von der Großmutterbrille

Und das geht so. Einmal saß die Großmutter in ihrer Küche im alten Haus. Und es heulte der Sturm um das Haus, und es rauschte der Regen über das Dach. Die Großmutter aber saß am Herd und mahlte Kaffee.

Da klopft' es auf einmal bum, bum, an die Tür vom alten Haus. Und die Großmutter ging in den Flur und fragte:

„Hat wer an die Tür geklopft?
Hat der Regen nur getropft?"

Da rief es von draußen: „Großmutter, mach auf! Ich bin die Hexe Tannenmütterchen! Geschwind, Großmutter mach auf!"

Die Großmutter drehte den Schlüssel um und machte der Hexe Tannenmütterchen auf. Und sie fragte die alte Frau: „Höre, Hexe, was willst du im alten Haus?"

„Großmutter", sagte die Hexe, „der böse Zauberer Hexenpüster will mir meine schöne, meine wunderbare Brille abnehmen!"

„Ja", sagte die Großmutter, „bist du denn keine böse Hexe?"

„O nein, Großmutter", sagte die Hexe Tannenmütterchen, „ich bin eine gute, sogar eine sehr gute Hexe!"

„Ja, dann will ich dich gern ins alte Haus lassen", sagte die Großmutter.

Aber kaum war die Hexe drin und die Tür hinter ihr abgeschlossen, da klopfte es draußen schon wieder krak! bum! gegen die Tür. Als das die Großmutter hörte, steckte sie den Schlüssel tief in die Tasche und rief:

„Wer so an meine Haustür kracht,
Dem Flegel wird nicht aufgemacht!"

„Huhu!" rief es draußen, „ich bin der böse Zauberer Hexenpüster, und die schöne, die wunderbare Brille von der Hexe Tannenmütterchen will ich haben!"

„Der Hexenpüster?" sagte die Großmutter, „das glaube ich dir nicht!"

Da schrie der Zauberer: „Und ich bin doch der Hexenpüster! Sofort, Großmutter, machst du mir auf!"

„Warum denn?" rief die Großmutter, „denn wenn du wirklich der Zauberer bist, dann zeig, was du kannst! Verzaubre dich doch in eine Brummfliege und flieg durchs Schlüsselloch ins alte Haus!"

„Aha, du meinst wohl, das könnte ich nicht?" rief der Zauberer. Aber die Großmutter hatte schon einen alten, aber gutgeflickten Sack herbeigeholt und hielt ihn geschwind vor das Schlüsselloch.

Richtig, da kam schon die schwarze Fliege durch das Schlüsselloch gebrummt und sumste mitten in den Sack. Diese Fliege aber war der böse Zauberer Hexenpüster.

„Den haben wir!" sagte die Großmutter, band den Sack zu, und der Zauberer konnte nicht mehr heraus.

„Was machen wir nun mit dem bösen Kerl?" fragte sie die Hexe Tannenmütterchen. Da kam zum Glück gerade der Lumpensammler am alten Haus vorbei.

„Haderlumpen? Haderlumpen?" rief er. Da freute sich die Großmutter, und sie verkaufte dem Lumpensammler den Sack mit dem Zauberer drin. Einen ganzen Groschen bekam sie dafür. Dann fuhr der Mann mit seinem Wägelchen weiter in den Regen, und seine Stimme wurde immer leiser: „Haderlumpen? Haderlumpen?"

„Nun sind wir ihn los!" sagte die Großmutter zu der guten Hexe Tannenmütterchen.

Die nickte mit der langen Hexennase: „Ja, liebe Großmutter, wie bin ich froh! Und weil du den bösen Zauberer in den Sack gesperrt und an den Lumpenmann verkauft hast, darum will ich dir

jetzt meine schöne, meine wunderbare Brille schenken. Denn die Zwerge im Wald machen mir gern eine neue."

„Danke", sagte die Großmutter, „aber was ist denn so Wunderbares an deiner Brille?"

„Das weißt du nicht?" sagte die Hexe, „sogar sehr wunderbar ist die Brille. Denn durch meine

Brille, wenn du sie auf die Nase tust, kannst du aus deinem Küchenfenster bis in den wilden Wald sehen, sogar bei der Nacht, und kannst alle Märchen sehen im Wald bis hinter den Sieben Bergen!"

Das freute die Großmutter sehr, und auch die Hexe war froh, weil die Großmutter so eine Freude hatte. Und dann ging das Tannenmütterchen wieder in den tiefen Wald hinauf.

Die Großmutter aber setzt nun immer die Hexenbrille auf, wenn sie euch Märchen erzählt im alten Haus, das Märchen ist aus.

„Ei, das war eine sehr schöne Geschichte", mauzte die ururalte Katze Murks.

Die Großmutter aber ging an den Tisch und nahm die Streichholzschachtel aus der Schublade. Denn dunkel wurde es und immer dunkler, und da wollte sie die Lampe anzünden. Und eben rieb sie das erste Hölzchen an, da rief auf einmal der Peter:

„Großmutter, was springt da vom Schrank?"

Die Großmutter schaute sich um. Noch war ja von dem Hölzchen im Zimmer ein heller Schein. Und da sah es auch die Großmutter, und beide Kinder sahen es deutlich: ein winziges Kerlchen in roter Mütze sprang vom Küchenschrank hinab auf den Boden, in einem Saus dann war's unter dem Tisch her in der Stubenecke.

Dort stand die große Uhr. Und an dieser Uhr kraxelte das Kerlchen hinauf. Eins, zwei, drei war's droben, war fort und saß in der Uhr.

Keiner konnte es mehr sehen.

„Ja, was war denn das für ein Kerlchen mit der roten Mütze?" fragten die Kinder.

„Das?" sagte die Großmutter und zündete dabei die Lampe an, „das war unser Uhrenmännchen!"

„Das Uhrenmännchen?" fragte der Peter, „was tut denn das Uhrenmännchen in deiner großen Uhr?"

„Peterchen", sagte die Großmutter, „das Uhrenmännchen tut jeden Tag ein Tröpfchen Öl in die Uhrrädchen, damit sie nicht rostig werden. Und wenn die große Uhr so schön schlägt, was meint ihr wohl? – das tut immer das Uhrenmännchen. Das schlägt in der Uhr mit seinem silbernen Hämmerchen auf ein goldenes Glöckchen."

Kaum hatte die Großmutter das gesagt, da fing das Uhrenmännchen in der Uhr zu schlagen an. Und es schlug so schön, so schön, wie es sonst nur an Großmutters Geburtstag schlägt.

Als die Großmutter das hörte, da sagte sie: „Weil das Uhrenmännchen heut gar so schön sein Glöckchen geschlagen hat, wollen wir es einmal aus der Uhr rufen und ihm ein Stückchen Kuchen geben."

Da stellten sie sich alle vor die Uhr, die Großmutter, die Kinder, der alte Hund, der uralte Hahn und die ururalte Katze. Und die Großmutter rief in die Uhr hinauf:

„Uhrenmännchen im alten Haus,
Uhrenmännchen, komm heraus!
Weil du fein geschlagen hast,
Sei nun unser Kuchengast!"

So rief die Großmutter. Und kaum hatte sie es gesagt, da machte es kling! in der Uhr, an der Seite das Kläppchen ging auf, und heraus schaute das Uhrenmännchen mit seinem roten Mützchen.

„Großmutter", sagte es mit seinem feinen Stimmchen, „wo hast du den Kuchen? Und sind auch Rosinen drin?"

„O ja", sagte die Großmutter, „und der Kuchen steht auf dem Tisch!"

„Auf dem Tisch, miau!" sagte die ururalte Katze Murks, kletterte kritzekratze an der Uhr hinauf, bis zu dem Kläppchen.

Da setzte sich das Uhrenmännchen der Katze Murks auf den Rücken, und die sprang mit einem einzigen Satz von der Uhr auf den Tisch.

„Danke schön, ururalte Katze Murks", sagte das Uhrenmännchen und nahm sein rotes Mützchen ab. „Bitte schön, Uhrenmännchen", sagte die ururalte Katze Murks, „das war gern geschehen!"

Das Uhrenmännchen war denn auch nicht bange, klomm auf den Kuchenteller, knibbelte mit seinen kleinen Fingerchen die Rosinen aus dem Kuchen und ließ sie sich schmecken, eine nach der andern.

Dann klopfte es sich auf den Bauch und sagte: „Großmutter, das war aber lecker! Und nun muß ich ein Schlückchen trinken!"

Da nahm die Großmutter ihr Nähkörbchen, holte den Fingerhut hervor und schüttete schwarzen Kaffee hinein.

„Hier, Uhrenmännchen", sagte sie „das wird dir schmecken!"

„Ei, Großmutter", meinte das Uhrenmännchen, „das ist aber eine mächtig große Tasse! Die kann ich so schnell nicht austrinken!"

Und es steckte seine Nase über den Fingerhut und trank ein Schlückchen und noch eins.

Dann sagte es: „Jetzt muß ich ein Weilchen warten!"

Und es setzte sich auf den Rand vom Kuchenteller.

„Weißt du was", sagte die Großmutter, „du kannst uns in der Zeit ja ein Märchen erzählen. Denn Märchen hören wir alle so gern!"

„Das weiß ich", sagte das Uhrenmännchen und trank wieder ein Schlückchen aus dem Fingerhut, – „ich will euch also das Märchen erzählen

Vom Uhrenmännchen und dem Mond

In der alten Uhr vom alten Haus, da war einmal ein Uhrenmännchen, das hatte ein grünes Röckchen an und ein rotes Mützchen. Und seine Augen waren so rot wie Johannisbeeren. Ja, das war wirklich ein schönes Uhrenmännchen!

Und es verstand auch sein Handwerk, kannte jedes Rädchen von der Uhr, und je schöner die Uhr schlug, desto mehr freute es sich.

Seine größte Freude aber war es, wenn nachts durch das Fenster der Mond über die alte Uhr schien. Dann saß es jedesmal auf dem Uhrkasten und blinzte mit seinen roten Augen in den goldenen Mond.

Und einmal, da war es wieder Nacht, da waren sie alle schon zu Bett, die Großmutter und die Kinder. Und nun wurd' es langsam hell im Zimmer, der Mond war aufgegangen, und bald schien er auf die alte Uhr in der Ecke.

Sogleich kam da das Uhrenmännchen herausgeklettert, setzte sich auf die Uhrkante und schaute in den Mond, schaute und schaute, und der Mondschein wurde goldener und goldener, und da nickte es mit dem Köpfchen, der Mützenzipfel fiel ihm über die Nase, und es schlief ein. Denn es war sehr müde, das arme Uhrenmännchen.

Auf einmal aber, wie es so schlief und träumte, da bewegte es sich und fiel von der Uhrkante, mitten in den Mondschein. Und auf dem goldglatten Mondschein rutschte es heidi! in das Zimmer hinab durch das offene Fenster in den Garten hinaus. Dabei wurde es wach und sah das Unglück – wie es mitten auf dem Mondschein saß und im Garten umherrutschte.

„O weh", rief es, „jetzt rutsche ich in die weite Welt! Und die Großmutter im alten Haus hat kein Uhrenmännchen mehr!"

Da aber rauschten ihm grüne Zweige um die Ohren, es tat einen Plumps, und das Uhrenmännchen war mitten in ein Vogelhäuschen gefallen.

Das hing hoch in einem Apfelbaum. Und die Vögelchen, die drin schliefen, wurden wach und zwitscherten:

„Wer springt in unser Häuschen?
Sind's Zwerge? Sind es Mäuschen?"

„Nein", sagte das Uhrenmännchen, „ich bin kein Zwerg und bin kein Mäuschen. Ich bin nur das Uhrenmännchen aus dem alten Haus!"
Und es erzählte den guten Vögelchen, wie es auf dem goldenen Mondschein in den Garten gerutscht war.
Da zwitscherten die Vögelchen: „O du armes Uhrenmännchen!"
Und sie machten ihm in der Ecke des Vogelkästchens ein Bett, ein feines Bettchen aus Federn und Heu. In dieses Bettchen legte sich das Uhrenmännchen und deckte sich zu mit einem Kastanienblatt. Auch die Vögelchen legten sich wieder hin und schliefen.
Das Uhrenmännchen aber konnte nicht einschlafen, weil der Wind im Garten so sauste und weil die Eulen so schrien in der Nacht. Nur die Vögel, die schliefen fest.
Auf einmal aber, da ging es kritzekratze! den Apfelbaum hinauf. Das hörte das Uhrenmänn-

chen, und gleich krabbelte es sich auf und schlich an die Tür des Vogelhäuschens. Und was denkt ihr?

Da saß eine große böse Katze vor dem Häuschen, glühte mit ihren grünen Augen, und schon langte sie mit der Pfote in das runde Türchen vom Vogelhäuschen.

Aber da stand das Uhrenmännchen, zog sein silbernes Hämmerchen aus dem Gürtel und schlug es der bösen Katze auf die Krallenpfote.

„Miau!" schrie die Katze, und als sie nun die roten Augen des Uhrenmännchens sah, bekam sie eine schreckliche Angst, und in einem einzigen Satz sprang sie vom Baum herab.

Am Morgen nun, als die Sonne aufging und die Eulen nicht mehr schrien, da erzählte das Uhrenmännchen den Vögeln von der fremden Katze. Und die Vögelchen freuten sich sehr.

Dann mußte sich das Uhrenmännchen auf die schwarzen Flügel vom Vogelvater setzen, und der flog mit ihm wieder zum alten Haus. Zum Glück stand das Fenster noch offen. Und der Vogelvater flog in das Zimmer hoch auf die alte Uhr.

Hier stieg das Uhrenmännchen ab von den Flügeln, und es bedankte sich sehr bei dem guten Vogel. Der flog dann wieder in den Garten vom alten Haus, und das Märchen ist aus.

So erzählte das Uhrenmännchen, und die Kinder riefen: „Das war aber ein schönes Märchen!"

„Ja, ein sehr schönes Märchen sogar", sagte das Uhrenmännchen und trank den Fingerhut leer, „aber jetzt muß ich wieder in meine Uhr und im Uhrenhäuschen mit dem silbernen Hämmerchen das goldene Glöckchen schlagen!"

Und husch! sprang's vom Tisch, klapperte mit seinen winzigen Schühchen durch die Stube, kritzekratze hinauf an der Uhr, und fort war es. Nur das Türchen hörten die Kinder noch klappen.

Dann aber spitzten sie die Ohren und warteten. Richtig, schon fing's in der Uhr zu schlagen an. Siebenmal klang fein das goldene Glöckchen. Dann aber war es still.

„Großmutter", sagte die Gretel, „was tut denn jetzt das Uhrenmännchen?"

„Kinder", sagte die Großmutter, „nun schläft es, denn es ist schon Abend, und die Eulen fliegen um das alte Haus. Drum müßt auch ihr nun schlafen gehen und träumen."

„Ja", sagten die Kinder, „das wollen wir tun. Gute Nacht, Großmutter!" Und sie gingen hinauf in ihr Stübchen.

Die Tiere aber gingen mit ihnen.

Droben zog der alte Hund den Peter aus, und die ururalte Katze zog die Gretel aus. Dann legten die Tiere die Kleider fein auf zwei Stühle zusammen und sagten: „Schöne gute Nacht, Kinder, und träumt von Schneewittchen und Frau Holle!"

„Ja, das wollen wir tun", sagten die Kinder. Dann gingen die Tiere leise fort.

Der alte Hund trappte die Treppe hinab, und die ururalte Katze schlich auf den Boden und dann zum Speicherfenster hinaus. Denn sie wollte im Mondschein noch ein wenig spazierengehen; vielleicht daß sie die böse fremde Katze erwischte, die da nachts an die Vogelkästchen kletterte. Nur der uralte Hahn blieb in der Stube. Er setzte sich auf den Kleiderschrank und schlief. Und bald schlief das ganze Haus.

Als der Morgen kam und die Sonne in die Stube schien, wurde der uralte Hahn auf dem Kleiderschrank wach und krähte: „Kikeriki! Die Sonn' ist hie! Kinder, steht auf!"

Gleich kam der alte Hund die Treppe herauf, und die ururalte Katze kam vom Speicher herab, und sie wuschen die Kinder und zogen sie an.

Drauf gingen sie alle hinab zu der Großmutter in die Küche und tranken ihre Morgenmilch. Dann gab die Großmutter dem Peter und dem Gretelchen jedem noch ein großes Butterbrot, wickelte es in Papier und sagte:

„So, Kinder, so, gute Tiere, nun geht in den Garten, und wenn ihr Hunger habt, dann eßt eure Brote! Läutet es aber zu Mittag, dann müßt ihr gleich wieder ins alte Haus kommen."

So sagte die Großmutter, und die Kinder liefen mit ihren Butterbroten die Treppe hinab, und hinterher die Tiere, alle in den grünen Garten.

Als sie aber in die Wiese kamen, da sagte die ururalte Katze Murks zu den Kindern: „Liebe Kinder, jetzt bin ich froh, daß wir sprechen können. Denn nun wollen wir euch einmal den Garten zeigen beim alten Haus!"

Da lachten die Kinder: „Bist du aber eine dumme ururalte Katze Murks! Den Garten beim alten Haus kennen wir doch schon lange!"

„Nein", mauzte die Katze, „den kennt ihr noch lange nicht! Wir wollen also erst einmal zu den Nüssen gehen!"

Und sie sprangen über die Wiese, hopsten über den Bach, nun den Hang hinauf, und sie waren bei den Nußhecken.

Und die ururalte Katze Murks mauzte: „Jetzt Kinder, will ich euch etwas zeigen! Aber leise, leise müßt ihr gehn, daß kein Blättchen raschelt, kein Ästchen knickt!"

Und mit ihren weichen Katzenpfoten ging sie leise an der Nußhecke vorüber, und leise, leise schlichen die Kinder und der alte Hund und der uralte Hahn hinter ihr drein.

Da kamen sie bald an ein Loch in der Hecke. Das hatten die Kinder noch nie gesehen, dies dunkle, grüne Loch in der Nußhecke. Und leise, ganz leise pfotete die ururalte Katze in das Loch hinein, tief in den dunklen Haselschatten. Alle gingen sie hinter ihr her, immer tiefer und tiefer in die Nußhecke – oh, sie hatten gar nicht gewußt, wie tief die war.

Nicht lange aber, sieh, da kamen sie an ein winziges Häuschen, das war in der dunklen Hecke versteckt, tief unter dem allergrößten Haselbusch. Da wunderten sie sich sehr, der Peter und die Gretel und der alte Hund und der uralte Hahn.

Die ururalte Katze aber sagte: „Jetzt möchtet ihr wohl wissen, wer in dem kleinen Häuschen wohnt? In dem kleinen Häuschen wohnt der brave Nußknacker!"

Und sogleich pochte sie mit ihrem Pfötchen an die Tür. Da rief's von drinnen, und es hörte sich gerade so an, wie wenn einer Nüsse knackte:

„Wer klopft da an mein Haus?
Was ist das für ein Spiel?
Wartet nur, gleich komm ich raus
Mit dem langen Besenstiel!"

„Braver Nußknacker", sagte die Katze, „den langen Besenstiel laß nur in Ruh! Hier sind die Kinder vom alten Haus und die drei guten Tiere dazu!"

Da machte der brave Nußknacker die Tür von seinem Häuschen auf, kam heraus und sagte: „Ich dachte schon, es wäre das Eichhörnchen gewesen, das böse Eichhörnchen! Meine besten Nüsse frißt es mir immer weg!"

Und der brave Nußknacker nahm die Kinder und die Tiere mit in sein Häuschen.

Drinnen setzten sie sich alle an den Tisch auf eine Bank, und der Nußknacker holte ein Säckchen Nüsse von seinem Speicher. Die schüttete er auf den Tisch und sagte: „Weil ihr die Kinder vom alten Haus seid, will ich euch jetzt feine Nüsse zum Frühstück knacken!"

Denn er war ja der brave Nußknacker.

Einen prachtvollen schwarzen Lackhut hatte er auf, sein Rock war himmelblau mit goldenen Knöpfen, schneeweiß seine Hose und knallrot seine langen Stiefel.

Und der brave Nußknacker knackte nun den Kindern mit seinem breiten Mund ein ganzes Häufchen Nüsse auf. Dann sagte er: „Kinder vom alten Haus, jetzt laßt es euch schmecken! Ich will euch dabei ein Märchen erzählen."

„Das hören wir gern, braver Nußknacker", sagte der alte Hund.

Und der brave Nußknacker wackelte mit seinem großen Mund und fing an: „Ich erzähl' euch also das Märchen

Vom heiligen Nikolaus und dem Nußknacker

Es war einmal ein Nußknacker, ein schöner, braver Nußknacker. Der wohnte in einem Häuschen unter der Nußhecke. Sowie die Nüsse aber braun und reif waren, stand er immer des Nachts, wenn der Mond in die Hecke schien, aus seinem Bett auf, kletterte in den Nußstrauch und suchte Nüsse.

Wenn er die Nüsse nun alle gepflückt hatte, dann kam der Herbst, es kam der Wind, es kamen Regen und Reif. Und die Blätter wurden gelb und braun und fielen vom Haselstrauch.

Der brave Nußknacker aber hatte wohl hundert Säcke mit Nüssen auf dem Speicher von seinem Häuschen.

Da nun fing's an zu schneien. Und der brave Nußknacker machte sich von Nußschalen Feuer in seinem Ofen und rauchte im warmen Stübchen den ganzen Tag trockene Haselblätter aus seiner Pfeife!

Des Abends aber schienen ihm durch die Haselhecke die goldenen Sterne in das Fenster.

Nun war es wieder einmal so ein Winter, und da klopfte es eines Tages am Fenster vom Nußknackerhäuschen. Und der brave Nußknacker machte das Fenster auf. Wer aber stand vor dem Häuschen?

Der Nikolaus!

Und er sagte zu dem braven Nußknacker: „Guten Abend, braver Nußknacker!"

„Guten Abend, heiliger Nikolaus", sagte der Nußknacker.

„Hast du im Herbst auch fleißig Nüsse gepflückt?" fragte der Nikolaus.

„Ja", sagte der brave Nußknacker, „wohl hundert Säckchen mit Nüssen habe ich auf meinen Speicher getragen?"

Da freute sich der Nikolaus. „Schön, sehr schön, braver Nußknacker", sagte er, „nun mußt du mir aber gleich ein Wägelchen Nüsse auf die große Wiese bringen im Garten vom alten Haus. Dort kommen nämlich auch die anderen braven Nußknacker hin. Und sie alle bringen mir ein Wägelchen Nüsse mit, weil ich ja jetzt zu den Kindern muß in die Welt. Und allen Kindern, allen muß ich Nüsse bringen."

So sagte der Nikolaus. Dann stampfte er davon durch den tiefen Schnee.

Der brave Nußknacker aber lud gleich sein Wägelchen voll Nüsse, holte dann seine große starke Ratte aus dem Stall, spannte sie vor, setzte sich auf den Kutschbock und fuhr auf die verschneite Wiese vom alten Haus.

Und noch hundert und hundert andere Nußknackerwägelchen begegneten ihm, die fuhren alle aus den Haselbüschen und vom Wald herab und brachten Nüsse für den heiligen Nikolaus. Der kam denn auch bald selbst auf die Wiese, und seinen alten Knecht Ruprecht hatte er mitgebracht.

Und der Knecht Ruprecht schüttete alle Nüsse von den hundert und hundert Nußknackerwägelchen in seinen großen Sack. Den nahm er dann auf den Buckel und ging hinter den Nikolaus her davon, durch den tiefen Schnee über die große Wiese vom alten Haus. Denn da hatte der heilige Nikolaus seinen Schlitten stehen.

Die Nußknacker aber drehten ihre Wägelchen wieder herum, knallten mit den Peitschen, schrien „Hü!" und „Hott!" und fuhren zurück in ihre Nußhecken hoch am Berg und am Wald.

Und auch der brave Nußknacker vom Haselstrauch im Garten beim alten Haus fuhr heim in sein Häuschen.

Und was denkt ihr, als er in sein Häuschen kam, da stand auf dem Tisch ein Teller, und auf dem Teller waren Krachmandeln und runde Walnüsse, Pfeffernüsse und knackharte süße Printen.

Und sogar eine kleine Mundharmonika war dabei. Damit konnte der brave Nußknacker Musik machen den ganzen Winter lang. Alles das hatte ihm aber der Nikolaus gebracht.

Auch den anderen Nußknackern, den vielen hundert Nußknackern droben aus dem Wald hatte er so einen großen Teller mit süßen Sachen gebracht. War das eine Freude bei den Nußknackern!

Andern Tags dann besuchte einer den andern, und sie erzählten sich, was ihnen der Nikolaus gebracht hatte ins Nußknackerhaus, – und nun ist das Märchen aus.

„Das ist aber ein schönes Märchen, braver Nußknacker", sagte der Peter, „und weil du uns von all
den leckeren Weihnachtssachen erzählt hast, was
glaubst du wohl, habe ich einen tüchtigen Hunger
gekriegt!"

„Und ich auch!" sagte die Gretel.

Die Kinder packten also ihre Butterbrote aus.
Und es schmeckte ihnen herrlich. Der brave Nußknacker aber durfte, weil er ja so scharfe Zähne
hatte, von jedem Butterbrot die harte Kruste her-
unterbeißen. Er hatte den Kindern ja ein so wun-
derschönes Märchen erzählt.

Dann aber sagte der alte Hund: „Jetzt will auch
ich euch einmal etwas Feines zeigen, hier im Wald
beim alten Haus!"

„Oh", rief der brave Nußknacker, „darf ich mit
euch gehen, Bautz, alter Hund?"

„Ja", sagte der alte Hund, „du kannst gerne mit-
gehen, denn du hast uns ja auch in dein Häuschen
gelassen!"

Da freute sich der brave Nußknacker, und alle
miteinander gingen sie aus dem Häuschen. Dann
schloß der Nußknacker hinter sich ab, damit das
böse Eichhörnchen nicht hineinkönnte und ihm
seine Nüsse stehlen.

Nun gingen sie unter den alten Nußhecken her,
zuerst der alte Hund, dann Krahks, der uralte

Hahn, dann die Kinder. Die hatten den braven Nußknacker an der Hand gefaßt. Und zuletzt ging die ururalte Katze Murks.

Als sie dann durch die Nußhecke waren, kam ein kleines Kartoffelfeld. Dann eine Wiese, und dann waren sie bei dem Wald mit den düsteren Tannen.

Eine ganze Weile gingen sie unter den hohen Bäumen her, und über ihnen in den Zweigen rauschte der Wind. So kamen sie tiefer und tiefer in den Wald und schließlich an eine Höhle. Davor war eine eiserne Tür.

Und an diese Tür klopft Bautz, der alte Hund, mit seiner Pfote. Klopfte noch einmal und noch einmal. Da bellte es von drinnen:

„Hauhauhau, wer klopft da an mein Haus?
Wart, gleich kommt ein wildes Tier heraus!"

Und wirklich, die eiserne Tür krachte auf, und heraus kam der Fuchs, der alte große Fuchs. „Ach, du bist es nur, Bautz, alter Hund!" sagte er, und er gab dem alten Hund die Pfote – „aber was hast du denn da noch alles für Leute mitgebracht?"

„Was denkst du?" sagte der alte Hund, „das sind keine Leute, das sind die Kinder vom alten Haus, und das da ist die ururalte Katze Murks, und der da ist Krahks, der uralte Hahn. Der Kleine aber, das ist der brave Nußknacker."

„Schön, schön", sagte der Fuchs, „das freut mich. Kommt also mit in meine Höhle. Denn ich habe noch einen leckeren Knochen für dich, Bautz, alter Hund, und für dich, ururalte Katze, steht noch ein bißchen Milch im Schrank. Und Körner für dich, Krahks, uralter Hahn, sind auch da. Für die Kinder aber ein großes Stück Kuchen, den hat mir die gute Hexe Tannenmütterchen gebacken. Für den Nußknacker aber, glaub' ich, liegen auch noch ein paar Nüsse in der Schublade."

Da gingen sie alle mit dem Fuchs in die Höhle, eine lange enge Treppe hinab. Und so dunkel war es, daß die Katze Murks mit ihren grünen Augen leuchten mußte.

Drunten dann tief in der Höhle machte der Fuchs wieder eine Türe auf. Da waren sie in der Fuchsenküche, und sie setzten sich um den Tisch. Sogleich brachte der Fuchs ihnen allen zu essen, dem alten Hund einen Knochen, dem uralten Hahn die Körner, der ururalten Katze Murks ein Schälchen Milch und dem braven Nußknacker dicke braune Nüsse. Den Kindern aber ein leckeres Stück Kuchen. Den hatte die Hexe Tannenmütterchen gebacken.

Als es ihnen nun allen schmeckte, da fragte der Fuchs: „Bautz, alter Hund, warum habt ihr mich heute eigentlich besucht in meiner Höhle?"

„Ja", sagte der alte Hund, „wir sind zu dir gekommen, weil du so viele schöne Märchen weißt. Und die Kinder vom alten Haus und der brave Nußknacker, die hören so gerne Märchen."

„Das ist schon wahr", sagte der Fuchs, „tausend Märchen weiß ich und noch viel mehr. Ihr müßt nämlich wissen, ich bin ein entsetzlich kluger alter Fuchs. Und all die tausend Märchen und noch viel mehr habe ich mir in ein dickes Buch geschrieben. Wartet nur, ich will es gleich holen."

Und er zog die Tischschublade auf und nahm ein großes Buch heraus. Das legte er auf den Tisch, schlug es auf, setzte dann seine runde Hornbrille auf die Nase und sagte: „Ich werde euch einmal das Märchen vorlesen

Von dem Fuchs und der Tannenhexe

Es war einmal ein Fuchs. Der ging im Wald spazieren. Immer tiefer ging er in den Tannenwald. Und der Wald war so dunkel, und so dicht waren die Bäume, daß die Sonne nicht mehr hindurchscheinen konnte und nicht der Mond. Ja, das war einmal ein dunkler Wald! Und in diesem finstern Wald begegnete dem Fuchs die Hexe Tannenmütterchen.

Überall schaute sie mit ihren gelben Augen umher und leuchtete mit ihrem Laternchen unter Büsche und Bäume.

Da fragte der Fuchs: „Gutes Tannenmütterchen, suchst du etwas im dunklen Wald?"

„Ach, lieber Herr Fuchs", sagte die Tannenhexe, „denkt Euch nur, ich habe mein Zauberstäbchen verloren! Lieber Herr Fuchs, wollt Ihr mir nicht suchen helfen?"

Da sagte der Fuchs: „Das geht nicht. Denn ich habe meine Brille zu Hause vergessen. Und wenn ich die nicht habe, kann ich nicht so richtig sehen in diesem dunklen Wald."

Da weinte die Hexe mit ihren gelben Augen, weinte feuerrote Tränen und sagte: „Lieber Herr Fuchs, bester Herr Fuchs, wie soll ich denn nur mein Zauberstäbchen wiederfinden? Denn wenn ich mein Zauberstäbchen nicht habe, dann kann ich ja nicht mehr hexen!"

„Ich will dir was sagen", meinte der Fuchs, „wir wollen einmal zum Wind gehen. Der kommt so oft durch den dunklen Wald und guckt unter jedes Blättchen. Vielleicht hat er dein Zauberstäbchen gesehen."

Da gingen sie zum Wind. Der wohnt in einem tiefen Berg. Und als sie in den Windberg kamen, da saß drinnen der Wind am Feuer und wärmte sich die kalten Hände.

„Huhu!" fragte er, „was wollt ihr im Berg der Winde?"

„Ach, guter Wind", sagte die Hexe, „hast du nicht im dunklen Wald ein Zauberstäbchen gesehen?"

„Huhu!" pfiff der Wind, „drüben in den Tannen? Nein! Denn lange bin ich nicht mehr in diesem Wald gewesen, weil ich mir an den Tannen immer meinen guten Anzug zerreiße. Und wenn ich nach Haus komme mit zerrissenen Kleidern, huhu! dann schimpft meine Großmutter!"

„Das ist aber schade, Wind!" sagte der Fuchs, und wieder weinte die Hexe mit ihren gelben Augen. Diesmal aber weinte sie grüne Tränen.

„Ach, Wind", sagte sie, „wie soll ich nur mein Zauberstäbchen wiederfinden?"

„Weißt du was?" sagte der Wind, „geht zu der alten Eule, huhu, die müßt ihr fragen. Denn jede

Nacht fliegt sie durch den dunklen Wald, und sicher hat sie dein Zauberstäbchen gesehen!"

Da bedankte die Hexe sich sehr, wischte ihre grünen Tränen ab, und sie gingen aus dem Windberg fort, weiter in den dunklen Wald, bis sie an die alte Wettertanne kamen.

Dort kraxelten sie hinauf. Denn hoch in der Wettertanne wohnte die alte Eule.

Bald waren sie droben und klopften am Eulenhaus. Sogleich steckte die alte Eule den Kopf heraus und fragte: „Tutuh! Warum stört ihr mich mitten am hellen Tage? Wißt ihr nicht, daß ich dann schlafen muß?"

„Alte Eule", sagte der Fuchs, „hast du nicht das Zauberstäbchen von der Hexe Tannenmütterchen gesehen? Im dunklen Wald drüben hat sie es verloren!"

„Fragt den Dachs, wenn ihr Lust habt", sagte die Eule, „ich war verreist auf die Heide, und lange bin ich nicht in dem dunklen Walde gewesen. Nein, euer Zauberstäbchen hab' ich nicht gesehen."

Dann knallte sie die Tür zu, ging wieder in ihr Heu- und Federbett und schlief weiter.

Der Fuchs und die Hexe aber kletterten von der Wettertanne herunter. Und wieder weinte die Hexe mit ihren gelben Augen, diesmal kohlschwarze Tränen. „Lieber Herr Fuchs", sagte sie, „wie find' ich mein Zauberstäbchen wieder?"

„Warte mal, Tannenmütterchen", sagte der Fuchs, „die alte Eule ist wirklich so dumm nicht! Wir wollen zu meinem Vetter, dem Dachs, gehen. Der schläft den ganzen Tag und die ganze Nacht.

Vielleicht also hat der Vetter Dachs von deinem Zauberstäbchen geträumt?"

Und sie gingen zu dem Dachs in seine Höhle. Die war mitten im allertiefsten Wald.

Der Dachs aber lag zusammengerollt in seinem Bett und schnarchte und schlief. Da kitzelte ihn der Fuchs unter den Füßen. „Hihi!" lachte der Dachs im Schlaf, dann aber machte er die Augen auf. „Aha, du hast mich wachgekitzelt, Vetter Fuchs!" sagte er.

„Ja", rief der Fuchs, „das bin ich gewesen, Vetter Dachs! Denn ich muß dich was fragen!"

„Dann frage nur schnell", sagte der Dachs, „denn ich habe keine Zeit und muß weiterschlafen."

Da sagte der Fuchs: „Hier die gute Hexe Tannenmütterchen hat ihr Zauberstäbchen verloren. Hast du nicht vielleicht von diesem Zauberstäbchen geträumt?"

„Zauberstäbchen? Zauberstäbchen?" brummte der Dachs verschlafen, und er bedachte und bedachte sich.

Auf einmal aber sagte er: „Ja natürlich hab' ich von einem Zauberstäbchen geträumt! Und wißt ihr, was? Das Zauberstäbchen wär' in ein Mausloch vor deinem Häuschen gefallen, Tannenmütterchen! Denn, nicht wahr, es ist doch so ein kleines schneeweißes Stäbchen gewesen?"

„Ja, das war es!" freute sich die Hexe Tannenmütterchen, „ich danke auch schön für den Traum, lieber Dachs!"

Aber das hörte der gute Dachs schon nicht mehr. Denn längst war er wieder eingeschlafen und schnarchte.

Der Fuchs aber und die Hexe gingen aus der Dachshöhle durch den Tannenwald zum Hexenhaus. Gleich schauten sie dort im Mauseloch nach. Und wirklich, da steckte das Zauberstäbchen drin.

Dreimal tanzte die Hexe vor Freude um ihr Häuschen herum. Dann sagte sie zu dem Fuchs: „Ihr habt mir mein Zauberstäbchen suchen helfen, lieber Herr Fuchs. Und weil ich es gefunden habe, will ich Euch nun für jeden Sonntag einen Kuchen backen und ihn Euch selber ins Haus bringen!"

„Tu das nur, Tannenmütterchen", sagte der Fuchs. Dann ging er durch den tiefen Wald hinein in seine Höhle.

Das Tannenmütterchen aber bringt ihm nun jeden Sonntag einen leckeren Kuchen ins Haus, und das Märchen ist aus.

So las der Fuchs aus seinem dicken Buche vor.

„Ei, das war wieder einmal ein schönes Märchen", sagten die Kinder, sagten die Tiere, sagte der brave Nußknacker. Und der Peter fragte den Fuchs: „Lieber Fuchs, ist es denn sehr weit bis in den tiefen Wald, wo die gute Hexe Tannenmütterchen wohnt?"

„Ei", sagte der Fuchs, „weit oder nah, ich weiß es nicht. Aber kommt, wir werden es schon sehen!"

Dann standen sie auf, und der Fuchs ging voran, ging wieder eine tiefe Treppe hinab. Und wieder leuchtete die uralte Katze Murks mit ihren grünen Augen.

Der Peter aber fragte den Fuchs: „Fuchs, Herr Fuchs, wir gehen ja immer tiefer in deine Höhle hinab. Und wir wollen doch die gute Hexe Tannenmütterchen besuchen im dunklen Wald!"

„Warte nur, Peterchen, warte nur", sagte der Fuchs, „wir werden schon in den dunklen Hexenwald kommen!"

Dann gingen sie noch einmal eine tiefe Treppe hinab, und sie kamen an eine Tür. Und an der schwarzen eisernen Tür hing ein schwarzer eiserner Schlüssel.

Den holte der Fuchs vom Nagel, schloß auf, stieß die Türe nach außen, und was meint ihr wohl? Da waren sie nicht mehr im Fuchsenwald, nein, der Fuchs und die Kinder und die Tiere und der brave Nußknacker standen mitten im Zauberwald.

„Seht ihr wohl", sagte der Fuchs, „jetzt sind wir in Tannenmütterchens dunklem, dunklem Wald!"

Und immer tiefer gingen sie hinein, und immer höher standen die Tannen. Es dauerte aber gar nicht lange, da sahen sie ein Häuschen. Das stand unter der allerhöchsten Tanne.

Und der Fuchs rief: „Tannenmütterchen, bist du zu Haus? Mach auf, Tannenmütterchen!"

Sogleich klappte das Fenster vom Hexenhäuschen auf, und das Tannenmütterchen schaute heraus.

„Ach, du bist es, Herr Fuchs", sagte die gute Hexe, „und die Kinder vom alten Haus, und Bautz und Krahks und Murks, die Tiere, und sogar der brave Nußknacker! Ja, denen mach' ich die Tür schon auf!"

Und sie humpelte an die Tür, schloß auf, und alle gingen sie ins Hexenhäuschen. Dort setzten sie sich in das Hexenstübchen, die ururalte Katze auf den Ofen, der uralte Hahn auf den Küchenschrank, der alte Hund auf das grüne Sofa und die Kinder auf die Truhe. Der brave Nußknacker aber stellte sich auf das Fußbänkchen vom Tannenmütterchen. Der Fuchs hockte sich auf einen Stuhl, und gleich fragte ihn die Hexe: „Fuchs, lieber Herr Fuchs, ist es schon kalt draußen im Land?"

„Nein", sagte der Fuchs, „aber die Blätter an den Bäumen werden schon gelb."

„Ja", sagte der brave Nußknacker, „und die Nüsse im Haselbusch sind bald braun und reif."

„Und die Schwalben fliegen schon fort", sagte die ururalte Katze, „bald wird es Winter sein."

„Und die Blumen auf der Wiese werden welk", sagte die Gretel. „Und die Großmutter macht schon in allen ihren Öfen das Feuer an", sagte der Peter.

„Und die Hühner legen keine Eier mehr", sagte der uralte Hahn.

„Und die Hasen im Feld ziehen schon ihren Winterpelz an", sagte der alte Hund.

Das hörte die Hexe Tannenmütterchen, und sie nickte mit der langen Nase: „Was ihr nicht sagt! Dann ist es ja Zeit, daß Tannenmütterchen den Schnee fertig macht für die Tannen, sonst erfrieren sie mir im kalten Winterwald!"

„Tannenmütterchen", riefen die Kinder, „dürfen wir zuschauen, wie du den Schnee machst?"

„Eigentlich nicht!" sagte das Tannenmütterchen, „aber weil ihr die Kinder vom alten Haus seid, will ich euch mitnehmen."

Da gingen sie alle hinaus. Und gar nicht weit von dem Häuschen, da war eine Quelle, aus der lief das klare Wasser in den Wald. Zu dieser Quelle nun gingen sie hin.

Und die Hexe nahm ihr Zauberstäbchen, tauchte es in das klare Quellwasser, zauberte dabei und sagte:

„Fließe, Quellchen, fließe,
Kühles Wasser gieße
Hier in meinen Wald.

Blätter schon verwelken,
Astern auch und Nelken,
Und nun wird es kalt.

Stille, stille, Quellchen,
Hauch aus deinen Wellchen
Weißen Weihnachtsschnee.

Schnee für meine Tännchen,
Schütt ihn mir ins Kännchen!
Quelle, Quelle, steh!"

So zauberte die Tannenhexe. Dann nahm sie das Zauberstäbchen aus dem Wasser, und sieh, die Quelle war still. Das Wasser sprang nicht mehr, und die Wellen liefen nicht mehr in den Wald.

Zugleich aber kam doch wieder ein Murmeln aus der Quelle, und es sagte: „Ja, gutes Tannenmütterchen, den Schnee sollst du gern haben. Aber zuerst mußt du mir Schatten geben. Den ganzen Sommer lang scheint in mich arme Quelle die Sonne und trocknet das Wasser mir weg! Hab' ich aber den Schatten, dann brauch' ich noch ein Märchen dazu. Dann erst wird mein Wasser Weihnachtsschnee!"

„Ach", rief das Tannenmütterchen, „wie soll ich denn der Quelle nur Schatten geben?"

„Oho", sagte der brave Nußknacker, „Tannenmütterchen, ich bin doch auch noch da! Und in meiner Tasche hab' ich braver Nußknacker eine prachtvolle Haselnuß. Die mußt du an die Quelle pflanzen, dann wächst aus der Nuß ein großer Busch, der gibt der lieben Quelle kühlen Schatten den ganzen Sommer lang!"

„Schönen Dank, braver Nußknacker", sagte das Tannenmütterchen, nahm die Nuß, steckte sie neben der Quelle in die Erde, hielt ihr Zauberstäbchen darüber und sagte:

„Wachs und blühe, kleiner Kern!
Schatten möcht die Quelle gern.

Wachse hoch und wachse schnell,
Schatte kühl den klaren Quell!"

So zauberte das Tannenmütterchen. Da kracht' es auch schon drunten in der Haselnuß, die Erde sprang auf, und heraus wuchs eine Hasel, immer höher, immer höher.

Und als die Hexe noch einmal mit dem Zauberstäbchen daran rührte, war der Haselstrauch schon fertig, die Nüsse daran braun und reif, und die Quelle hatte einen prächtigen Schatten. Und leise murmelte sie:

„Nun hab ich Schatten, nun hab ich Ruh,
Nun tu ein Märchen noch dazu!"

„Gern", sagte das Tannenmütterchen und setzte sich neben der Quelle an den Haselstrauch. Die Kinder und die Tiere und der brave Nußknacker setzten sich zu ihr.

Dann sagte die Hexe: „Nun erzähl ich mein Märchen in die Quelle. Und das geht so:

Das Märchen von dem Beerenfräulein

Wenn der Sommer bald vorüber ist, wißt ihr, dann gehen die Zwerge des Abends auf die Heide. Und ihre Körbchen, viele kleine Körbchen nehmen sie mit. Und sie suchen Himbeeren, Brombeeren und Preiselbeeren auf der Heide.

Eines Abends nun im späten Sommer gingen sie wieder einmal mit ihren Körbchen hinaus auf die Heide, um sich Beeren für den Winter zu suchen. Als sie aber aus dem Wald bei den Birken und Heidebüschen ankamen, die vielen kleinen Zwerge, da war nicht ein einziges Beerchen auf der weiten Heide. Keine blauen Heidelbeeren mehr, keine roten Himbeeren, keine Preiselbeeren und nicht eine einzige Brombeere in den Waldhecken.

Da weinten die Zwerge. „Oh, wir armen Zwerge!" sagten sie, „jetzt sind keine Beeren auf der Heide, und nun haben wir den ganzen langen Winter nichts zu essen!"

Als sie aber so weinten, sieh, da kam gerade die Hexe Tannenmütterchen über den Heideweg. Denn auch sie wollte sich Beeren suchen.

Und wie sie die Zwerge so weinen sah, da sagte sie: „Warum sitzt ihr denn alle da und weint, ihr guten kleinen Zwerge?"

„Ach, liebes Tannenmütterchen", sagten die Zwerge, „sieh, es sind in diesem Jahr keine Beeren auf der roten Heide, und nun haben wir im Winter nichts zu essen."

„Ei der Tausend!" sagte die Hexe, „da wollen wir doch einmal zum Beerenfräulein gehen. Vielleicht weiß die, wo unsere süßen Beeren geblieben sind!"

Und alle miteinander gingen sie zu dem Beerenfräulein. Das wohnte in einer silberweißen Birke mitten auf der Heide.

Und das Tannenmütterchen klopfte an die Birke und rief:

„Beerenfräulein, kleines,
Beerenfräulein, feines,
Komm zu uns heraus
Aus dem silbernen Birkenhaus!"

So rief die gute Hexe, rief es noch einmal und noch einmal. Aber der Birkenbaum schüttelte nur traurig seine Blätter, und kein Beerenfräulein kam heraus.

„Das ist aber eine böse Geschichte!" sagte die Hexe, „wo mag nur das Beerenfräulein geblieben sein?"

„Pst! Pst!" machte es da unter der Birke. Und die Hexe bückte sich, schaute hin – sieh, da steckte die Heidemaus ihr Köpfchen aus einem Loch zwischen den Wurzeln heraus und sagte: „Tannenmütterchen, ich weiß, wo das Beerenfräulein ist! Denn ich habe gesehen, wie es im Frühjahr aus seinem Birkenhaus kam, um nach den Blüten der Beeren zu sehen. Da aber ist der böse Zauberer Katzengreuel gekommen, hat das arme Beerenfräulein gepackt und mit hinaufgenommen in seine Burg. Ja, das habe ich selber gesehen."

„Aha", sagte das Tannenmütterchen, „dann müssen wir sogleich auf den Berg und zu der Burg des bösen Katzengreuel!"

Und mit langen Schritten fegte die Hexe dahin über die Heide, die Zwerge hinter ihr drein. Dann liefen sie über sieben Berge, durch sieben Wälder und noch einmal über sieben Brücken, bis sie vor dem Bergschloß des bösen Zauberers standen.

Und die Hexe warf einen Tannenzapfen an das Fenster und rief: „Mach auf, böser Zauberer Katzengreuel! Hier ist das Tannenmütterchen, und hier sind die Zwerge!"

Da klappte der Zauberer das Fenster der Zauberburg auf und rief: „Nein, ich kann euch alle nicht leiden. Ich mach' auch nicht auf. Lauft nur wieder nach Hause!"

„So, du machst nicht auf?" sagte die Hexe Tannenmütterchen, nahm ihren Besenstiel und knallte ihn an die Türe. Die sprang sogleich auf,

daß es krachte, und dann, perlicko, perlacko, verzauberte sich die Hexe in eine große graue Wildkatze.

Die sträubte den Pelz und fauchte: „Ich spring' dir ins Gesicht und kratz' dir die Augen aus, böser Zauberer!"

Aber schon verwandelte sich der böse Zauberer in einen gewaltigen Wolf, der sperrte den bösen Rachen auf und knurrte: „Katze, ich freß' dich mit Haut und Haaren!"

Und gerade wollte er zuschnappen, da hatte sich die Wildkatze in einen Tiger gezaubert, der funkelte mit seinen grünen Augen. Da sprang der Wolf zurück und verwandelte sich in einen großmächtigen Elefanten mit schrecklichen Stoßzähnen.

Aber der Tiger war schon verschwunden, und die Hexe hatte sich in den Vogel Greif verzaubert, den fürchterlichen Vogel Greif. Der reckte die Klauen, packte den Elefanten, flog mit ihm zum Fenster hinaus, daß die Läden krachten und die Mauer auseinanderbröckelte, und ließ ihn dann aus der Luft fallen.

Da zersprang der Zauberer auf der Erde wie ein Sack Kieselsteine, die rollten den Berg hinab. Der Vogel Greif aber war weit und breit nicht mehr zu sehen, nur die gute Hexe Tannenmütterchen stand in der Stube.

Die Zwerge aber, die in alle Ecken gekrochen waren vor Schreck, kamen wieder hervor, klatschten in die Hände, sprangen um die Hexe Tannenmütterchen her und sangen:

„Vor der Wildkatz war der Zauberer bang,
Wolf vor dem Tiger sprang,
Greif dann den Elefant
Aus der Luft warf aufs harte Land,
Knatteraknall, in tausend Stück!
Ei, was war das für ein Glück!
Denn nun ist er nimmer da,
Katzengreuel, hopsassa!"

Und sogleich liefen sie mit der guten Hexe durch das ganze Zauberschloß, um das Beerenfräulein zu suchen. Aber nirgends fanden sie es.

Bis auf einmal, da kroch der kleinste Zwerg hoch oben auf dem Speicher unter das Dach, und da fand er ein winziges Türchen. Das zauberte die Hexe auf, und sieh, dahinter war ein dunkles vergittertes Stübchen, und in dem Stübchen saß das arme Beerenfräulein und weinte.

Die Hexe und die Zwerge aber riefen:

„Beerenfräulein, kleines,
Beerenfräulein, feines,
Nun ist der Zauberer tot,
Nun hat ein End die Not!"

Das Beerenfräulein wollte es erst gar nicht glauben. Aber als sie draußen vor das Schloß kamen und die Hexe ihm die vielen Kieselsteine zeigte, da sagte es: „Ja, nun weiß ich es, das war der böse Katzengreuel! Denn er hatte ein Herz von Kieselstein!"

Und fröhlich lief es mit den Zwergen und der Hexe hinab auf die Beerenheide, über sieben Brücken, durch sieben Wälder, über sieben Berge. Da waren sie in der Heide.

Und das Beerenfräulein wehte mit seiner weißen Schleppe über die Heide und zauberte:

„Ihr Beeren auf der Heide,
In schwarz und rotem Kleide,
Macht auf die Blütenglöckchen
In weiß und roten Röckchen!"

So sang das Beerenfräulein, und gleich waren die Blüten da, weiße und rosarote Blüten, an den Himbeeren und Heidelbeeren, an den Brombeeren und Preiselbeeren.

Und wieder wehte das Beerenfräulein über die Heide, diesmal mit einem Kleid so golden wie die Sommersonne, und sang und zauberte:

„Nun in die Beeren meine,
Du liebe Sonne, scheine,
Weh, guter Wind, vom Wald!
Dann hängen sie ja bald,
Die Sträuchlein rundumher
Voll Beeren süß und schwer!"

So zauberte das Beerenfräulein, und, was meint ihr? – da waren die Beeren schon alle süß und reif, blau und rot und schwarz. Wie freuten sich da die Zwerge!

Und als es dunkel wurde, hatten sie alle ihr Körbchen voll. Die schönsten Beeren aber hatten sie der Hexe Tannenmütterchen in ihr Körbchen gesucht, weil sie ja den bösen Katzengreuel in Stücke geworfen hatte. Nicht eine Beere brauchte sie selber zu pflücken.

Und sie bedankten sich schön bei dem Beerenfräulein, dann gingen sie in den Wald nach Haus, und das Märchen ist aus.

So erzählte das Tannenmütterchen der Quelle.

„War das ein schönes Märchen, Hexe Tannenmütterchen", sagte die Quelle, sagten die Tiere, sagten die Kinder und der brave Nußknacker.

Die Hexe Tannenmütterchen aber holte nun viele große Bettsäcke aus ihrem Häuschen und sagte zu der Quelle: „Nun hast du ein Märchen bekommen, liebe Quelle. Wie ist es mit dem Schnee?"

„Ja", wisperte die Quelle, „halt nur die Betten hin, gleich ist der Schnee darin!"

Und die Hexe Tannenmütterchen nahm den ersten Bettsack und hielt ihn unter die Quelle. Und schon zischte es tief drunten im Wasser und knirschte und wirbelte, nebelte und dampfte. Dann lief der Schnee hinaus, weiß wie das Mehl aus der Mühle. Bald war der Sack voll, die Hexe band ihn zu, stellte ihn fort und holte einen neuen.

Und wieder einen und wieder einen, bis all ihre Betten dick und prall voll Schnee waren.

Dann aber kam plötzlich wieder das klare Wasser aus der Quelle. Und die Hexe stellte all ihre Säcke beiseit' in den Holzschuppen hinter ihrem Häuschen – „bis der Winter kommt", sagte sie.

Dann ging sie mit den Kindern und den Tieren und dem braven Nußknacker wieder ins Hexenhaus. Dort gab sie dem Peter und der Gretel jedem ein Glas süßen Himbeersaft.

Aber die Kinder rückten bald auf ihren Stühlchen herum, schauten immer wieder die Hexe an und konnten gar nicht ruhig sitzen.

„Kinder", fragte das Tannenmütterchen, „warum schaut ihr mich so an?"

„Ach, Tannenmütterchen", sagte die Gretel, „wir wollen dich etwas fragen!"

„Dann fragt mich nur", sagte die Hexe, „denn ich bin klug wie der Wald und gescheit wie die alte Eule, die da auf dem höchsten Baum wohnt, auf der Tanne Stickfinstereulenstock im wilden Wald."

„Also, Tannenmütterchen", sagte der Peter, „wir wollten nur fragen, was du jetzt mit dem vielen Schnee machst."

„Ja, wenn ihr das wüßtet!" sagte die Hexe und zwinkerte mit den Augen – „aber hört, Kinder, ich will euch was sagen! Wenn im Garten beim alten Haus die Blätter all von den Bäumen sind und wenn des Nachts der Wind um das Dach heult und wenn die Bauern ihre Kartoffeln vom Feld nach Hause gebracht haben, dann, Kinder, kommt noch einmal mit den guten Tieren ins Hexenhaus und bleibt bei mir, bis ich euch zeige, was ich mit all dem Schnee anfange!"

„Ja", sagten die Kinder und die Tiere, „das wollen wir gerne tun!"

Dann tranken die Kinder ihren Himbeersaft, nahmen ihre Butterbrote in die Hand und gingen mit den Tieren durch den Wald nach Haus, der Fuchs in seine Höhle, der brave Nußknacker in sein Häuschen unter der Nußhecke und die Kinder und die drei Tiere zur Großmutter ins alte Haus.

Und sie erzählten der Großmutter alles, vom Nußknacker, vom Fuchs und von der guten Hexe Tannenmütterchen. Und als die Kinder so erzählten, da machte es auf einmal Hutetu! im Kamin und im Ofenrohr. Da klapperten die Läden, da flogen tiefe Wolken über den Garten, da knispelte tickticktick der Regen an die Fensterscheiben.

„Hört ihr?" sagte die Großmutter, „jetzt saust der Wind im Garten. Jetzt regnen die bunten Blätter von den Bäumen, und ihr könnt nicht mehr in den Garten gehn."

„Ei", mauzte die ururalte Katze Murks, „dann spazieren wir mit den Kindern einfach auf den Heuspeicher. Kinder, da ist es schön!"

„Ist das wahr, Großmutter?" fragten die Kinder.

„O ja", sagte die Großmutter, „sehr schön sogar ist es auf dem Heuboden vom alten Haus. Setzt euch nur her zu mir. Ich will euch einmal ein feines Märchen erzählen, das ist damals auf dem Heuspeicher geschehen!"

Da setzten sich die Kinder zu der Großmutter, die Großmutter tat ihre Brille auf, und dann sagte sie: „Nun gebt acht, liebe Kinder, das Märchen heißt

Die Hühnerkirmes

Mitten im wilden Wald, da hat der böse Steinmarder gewohnt. Nun, eines Abends, saß der böse Steinmarder tief in seiner Baumhöhle, rauchte die Pfeife und las im Kalender.

Auf einmal aber schlug er mit der Faust auf den Tisch und knurrte: „Ei, was muß ich da lesen! Heut ist ja Hühnerkirmes im alten Haus! Sofort schleiche ich jetzt zum alten Haus, klettere auf den Heuspeicher dort und beiße der Großmutter ihre Hühner tot!"

Das aber hörte ein kleiner Zwerg, der kam gerade an dem Höhlenbaum vom bösen Steinmarder vorbei. Und eins, zwei, drei, lief der kleine Zwerg zum alten Haus und klopfte an der Haustür.

Da kam die Großmutter und machte ihm auf.

„Liebe Großmutter", sagte der Zwerg, „heut abend ist ja auf dem Heuspeicher die Hühnerkirmes! Und denk dir, der böse Steinmarder will auch auf die Hühnerkirmes kommen und deine schönen Hühner totbeißen!"

„Nun hör einmal an!" rief die Großmutter – „wie gut, daß du es mir gesagt hast, kleiner Zwerg!"

Und sogleich ging sie mit dem Zwerg in die Küche und weckte den alten Hund. Der schlief hinter dem Herd.

Und sie sagte ihm: „Bautz, alter Hund, lauf doch schnell auf den Heuspeicher! Da ist heut Hühnerkirmes, und der böse Steinmarder will kommen und mir all meine schönen Hühner fressen!"

Da sagte der alte Hund: „Großmutter, dann mußt du mir aber zuerst meine Zähne schleifen!"

„Das will ich tun", sagte die Großmutter, „denn du bist ja wirklich ein sehr alter Hund!"

Und sie nahm den Schleifstein und schliff dem alten Hund die Zähne. Nun waren sie so scharf wie spitze Messer.

„So war es richtig!" rief der alte Hund, sprang und lief aus der Küche in den Flur, über den Hof und dann in die Scheune vom alten Haus. Dort kletterte er auf das Heu, und da sah er die Hühnerkirmes.

Feine Buden hatten die Hühner sich gebaut. Und in den Buden konnte man Hampelmänner, Zuckerplätzchen, bunte Bälle, Trömmelchen und allerlei andere schöne Sachen kaufen.

Auch ein Karussell war auf der Hühnerkirmes. Darauf fuhren die kleinen Hühner immer herum. Und sogar eine Kasperlbude war da und eine Waffelbäckerei. Da kauften sich die Hühner und die Mäuse und die Ratten und alle, die auf die Hühnerkirmes eingeladen waren, leckere frische

Waffeln. Und die jungen Hühner spazierten mit den Mäusen durch die Kirmes und kauften sich Luftballons und kleine Trompeten.

Das alles sah der alte Hund, und er freute sich, daß die Hühnerkirmes so schön und lustig war.

Auf einmal aber, da kratzte und krabbelte es am Heuspeicher. Und der alte Hund machte die Augen noch einmal so weit auf. Richtig, da kam ein schwarzes Tier auf die Hühnerkirmes, das hatte einen prachtvollen Pelzmantel an.

„Was ist denn das für ein feines Tier?" fragten die Hühner, „schönes Tier im Pelz, willst du auch auf unsere Hühnerkirmes gehen?"

„Oh, ich bin ja nur das liebe Kaninchen", sagte das schöne Tier, „und ich möchte so gern einmal auf eure Kirmes!"

Aber das war gar nicht das liebe Kaninchen, es war der böse Steinmarder.

Und als der alte Hund hörte, wie der böse Steinmarder die Hühner belog, da knurrte er gewaltig in seiner Ecke.

Und der Steinmarder hörte das Knurren und fragte die Hühner: „Wer knurrt denn da hinter dem Heu?"

„Oh", sagten die Hühner, „das ist gewiß nur der Böhmann. Der sitzt irgendwo in einer düsteren Ecke auf dem Heu und schaut sich unsere Kirmes an. Sieh nur, liebes Kaninchen, da leuchten seine Augen im Dunkeln!"

Aber das waren gar nicht die Augen vom Böhmann. Das waren die Augen vom alten Hund Bautz.

„Lieber Böhmann", rief da der böse Steinmarder, „geh doch ein Stündchen auf den Hof und gib acht, daß der Iltis und der Steinmarder nicht kommen, die bösen Kerle! Die beißen die armen Hühnerchen tot und die schönen Mäuse!"

Da knurrte der alte Hund noch einmal, dann kniff er seine Augen ein bißchen zu.

„Siehst du wohl, liebes Kaninchen", sagten die Hühner, „jetzt sind die glühenden Böhmannaugen fort, jetzt ist er auf den Hof gegangen und gibt auf den bösen Marder acht!"

Der Marder aber lachte. Dann spazierte er mit den Hühnchen und Hähnchen durch die Kirmes, an den Buden vorüber, kaufte den Hühnern Kuchen und Plätzchen und den Mäusen leckere Zuckersternchen.

Dann sagte er: „Ei, liebe Hühner, wie ist es so heiß auf eurer Kirmes! Wir wollen doch ein bißchen droben auf dem Heuberg spazierengehen!"

„Ja", sagten die Hühner, „liebes Kaninchen, das wollen wir tun!"

Und alle Hühner stiegen mit dem bösen Marder hinauf, immer höher, bis unter das Dach. Da war es stockdunkel. Und sie spazierten in eine Ecke hinter den Heubergen, da war es noch viel dunkler.

„Nein, hier gefällt es uns nicht", gickgackten die Hühner, „liebes Kaninchen, wir wollen wieder auf unsere Kirmes!"

Da lachte der Steinmarder und sagte: „Haha, ihr dummen Hühner, ich bin gar nicht das liebe Kaninchen – ich bin der böse Steinmarder! Und nun beiß' ich euch allen die Hälse ab!"

Das hörte der alte Hund, und ein Sprung, da war er herbei und packte mit seinen geschliffenen Zähnen den bösen Marder am Kragen. Der Marder schrie und strampelte, aber es half ihm nichts. Der alte Hund hielt ihn fest, bis er tot war.

Dann brachte er ihn der Großmutter. Die aber schenkte ihn dem kleinen Zwerg. Der tat ihn in die Jagdtasche und sagte: „Ich dank' auch schön, liebe Großmutter! Denn der Marder hat einen prachtvollen Pelz. Den zieh' ich ihm aus und mache mir davon einen Mantel für den kalten Winter. Dann frier' ich nicht so im verschneiten Wald."

Und fröhlich ging er fort, der kleine Zwerg. Die Hühner auf dem Heuboden aber freuten sich auf ihrer Kirmes, weil der böse Marder tot war. Und am anderen Morgen legten sie alle ein Ei.

Das dickste davon aber bekam der alte Hund in der Pfanne gebacken, weil er ja den bösen Marder erbissen hatte auf dem Heuspeicher vom alten Haus, und das Märchen ist aus.

Diese Geschichte erzählte die Großmutter den Kindern. Dann sagte sie: „Nun, Kinder, ist es nicht schön auf unserem Heuspeicher?"

„Ja, Großmutter", sagten die Kinder, „drum wollen wir gleich mit den Tieren auf den Heuspeicher gehen!"

Das erlaubte ihnen die Großmutter, und die Kinder und die Tiere liefen über den Hof durch den Regen in die Scheune, kletterten eine Leiter hinauf, und da waren sie auf dem Heu.

Als sie aber in dem weichen Heu saßen und der Regen so über das Scheunendach knispelte, da sagte der uralte Hahn Krahks: „Liebe Kinder, jetzt müssen wir zuerst einmal der alten Eule guten Tag sagen, die hier auf dem Heuspeicher wohnt!"

Und alle zusammen riefen sie: „Guten Tag, alte Heuspeichereule!"

Gleich krächzte es aus der dunklen Ecke hinter dem Heu, wo die vielen großen Balken waren: „Guten Tag, Kinder, guten Tag, Tiere vom alten Haus!"

Wie ein leiser Wind wehte es dabei über die Kinder hin. Und schon hockte die Heuspeichereule vor ihnen auf einem Balken. Und sie sagte: „Tutuh, Kinder vom alten Haus, jetzt regnet es in die Welt, jetzt weht der Wind um das Haus, und nun könnt ihr nicht mehr in den Wald."

„Ja", sagten die Kinder, „und die Blätter fliegen schon von den Bäumen, bald fährt der Winter durch den Wald, und dann kommt der Nikolaus und das Christkind!"

„Hast du denn das Christkind schon einmal gesehen, Heuspeichereule?" fragte die ururalte Katze Murks.

„O ja", sagte die alte Eule, „im Wald, im tiefen Wald hab' ich es gesehen. Und das muß ich euch einmal erzählen. Wißt ihr noch, wie das Christkind letzte Weihnacht euch so glitzsilberne Tannenzapfen an den Baum gehängt hat?"

„O ja, Heuspeichereule", sagten die Kinder, „das wissen wir noch gut! Und all die silbernen Tannenzapfen hat die Großmutter nachher in eine Watteschachtel eingepackt."

„Fein!" sagte die Eule, „es waren ja auch so prächtige Zapfen! Ja, und von diesen Zapfen will ich euch erzählen. Selber hab' ich es gesehen mit meinen runden Augen. Im tiefen Wald saß ich da auf der Tanne Stickfinstereulenstock. Und das ist

Das Märchen von den Tannenzapfen

Es war einmal ein Tannenzapfen, ein schöner großer Tannenzapfen, der saß hoch droben in der Tannenspitze und schaukelte sich im kühlen Wind.

Eines Abends nun kletterte das Eichhörnchen in die Tanne, sah den dicken Tannenzapfen da hängen und sagte: „Das ist mal ein feiner Tannenzapfen! Den will ich gleich aufbeißen. Gewiß sind leckere fette Samenkerne darin!"

Das hörte der Tannenzapfen, und er rief: „Oh, ich armer Tannenzapfen, was soll ich anfangen? Jetzt kommt das rote Eichhörnchen mit seinen scharfen Zähnen und beißt mich tot!"

Grad' aber, als er das sagte, kam der Wind durch den Wald geflogen. Und er sagte zu dem Tannenzapfen: „Wir beide haben immer so lustig geschaukelt, und drum will ich auch jetzt dir helfen!"

So sagte der Wind, dann packte er die alte Tanne, daß die Zweige nur so rauschten und durcheinanderschlugen. Und das Eichhörnchen mußte sich mit den Krallen festhalten, sonst wäre es hinabgepurzelt.

Und immer mehr blies der Wind in die Zweige. Da brach der Tannenzapfen auf einmal von seinem Stengelchen ab und kollerte auf die Erde, hinab in das tiefe Moos. Und im Moos versteckte er sich. Da konnte ihn nun das Eichhörnchen nicht mehr finden.

Und der Tannenzapfen freute sich. „Jetzt lieg' ich hier fein im weichen Moos", sagte er, „und kein Eichhörnchen kann mich mehr sehen!"

„Hihi, du ganz dummer Tannenzapfen!" sagte es da.

„Wer ist denn noch hier, wer ruft da?" fragte der Tannenzapfen.

„Ei", sagte es wieder, „schau doch einmal mit der Nase aus deinem Moosbett heraus, dann siehst du uns schon!"

Da guckte der Tannenzapfen aus dem Moos, und was sah er? Noch viele andere Tannenzapfen, kleine und große, lagen unter der Tanne, und jetzt riefen sie: „Siehst du, alle sind wir nun wieder beisammen!"

„Ach, ihr seid es, Brüderchen!" rief der große Tannenzapfen.

„Ja", sagten die anderen, „und wir haben uns auch erst gefreut, daß uns das Eichhörnchen so leicht nicht mehr finden kann. Aber im Moos finden uns dafür die kleinen Waldmäuse, beißen uns auf und fressen unsere Kerne!"

„Ach, was fangen wir denn nur an?" rief der große Tannenzapfen. Aber das wußten die anderen auch nicht.

Und weil es nun Abend wurde, steckten sie ihre Köpfe nur tiefer in die Moosbetten und schliefen. Nur der schöne große Tannenzapfen konnte nicht einschlafen vor lauter Angst.

Und da ging der Mond auf und schien mitten in den Wald hinein. Ei, dachte der Tannenzapfen, jetzt kommen doch keine Mäuse, und ich will ein wenig in den Mondschein spazierengehn!

Und er stand von seinem Moosbett auf und hüpfte unter der Tanne weg mitten in den Mondschein. Da sah er denn aus, als ob er ganz von blankem Silber wäre. Sogar zwei Mäuse, die gerade des Weges kamen, kannten ihn nicht, zogen ihr Mützchen ab und sagten: „Schönen guten Abend, o silbernes Männchen!"

Da lachte der Tannenzapfen und freute sich.

Kaum aber waren die Mäuse fort, da kam ein Zwerg aus dem Wald, grad' auf die Tanne zu. Und der Tannenzapfen sagte zu ihm: „Guten Abend, gute Mondnacht, lieber Zwerg. Schau mich doch an und sag, seh' ich nicht aus, als ob ich ganz von Silber wäre?"

„Ja, das tust du auch, du schöner Tannenzapfen", sagte der Zwerg, „und es ist jammerschade, daß du nicht wirklich ein silberner Zapfen bist. Denn wärest du richtig von Silber, dann könnten ja die Mäuse nicht an dir knabbern!"

„Da hast du recht, kluger Zwerg", sagte der Tannenzapfen, „wenn ich aus dem Mondlicht gehe, dann bin ich wieder von Holz und weine gelbes Harz!"

„Nein", sagte der Zwerg, „du brauchst nicht zu weinen. Ich will dich mal ein bißchen versilbern!"

„Kannst du das denn, lieber Zwerg?" fragte der Tannenzapfen. Der Zwerg aber sagte nichts, nahm sein Scherchen aus der Tasche, und schnipp! schnitt er ein Stückchen aus dem silbernen Mondscheinteppich und wickelte den Tannenzapfen darin ein. Da wurde der Tannenzapfen versilbert, und er klirrte und blinkerte nur so.

„Lieber, guter Zwerg", sagte er dann, „du hast grad' deine Schere in der Hand – willst du nicht auch die anderen Tannenzapfen versilbern, meine armen hölzernen Brüderchen? Sonst kommen die Mäuse und fressen sie!"

Der Zwerg nickte nur, nahm noch einmal seine Schere zur Hand, schnitt ein Stück nach dem andern aus dem Mondschein und versilberte damit alle Tannenzapfen unter der großen Tanne. Da freuten sich die Tannenzapfen, bedankten sich sehr bei dem Zwerg und legten sich wieder silbern in ihre Moosbettchen.

Die Mäuse aber kamen vorüber, eine nach der andern, die ganze Nacht, und sie haben den blanken Tannenzapfen nichts getan.

So lagen sie nun viele Tage und Nächte, und dann fing es an zu schneien rundum im Wald, und nicht lange, da war der ganze weite Wald verschneit. Nur unter der alten Tanne lag kein Schnee, denn wie ein dichtes Dach hingen die Äste über den Tannenzapfen.

Die besahen sich den Schnee, und immer wieder horchten sie in den Wald, ob nicht bald Schlittenglöckchen über die Berge klingelten. Denn, wißt ihr, wenn es schneit, dann fährt das liebe Christkind mit seinem Schlitten durch alle Wälder und sucht die Weihnachtsbäume aus.

Und wirklich, sie brauchten nicht lange zu warten. Da war es Abend geworden, es schneite nicht mehr, und hinter den Tannen gingen die vielen Sterne auf. Wie von tausend und tausend Christbaumkerzen leuchtete es in allen Tannen. Und da auf einmal ging es leise klinglingling fern im Wald. Und ein Licht kam heran, wurde hell und immer heller. Und wieder klinglingling – da fuhr der goldene Schlitten vom Christkind mit seinen silbernen Glöckchen durch den Wald.

Als er aber an der alten Tanne vorüberkam, da schaute das Christkind heraus, da sah es die Tannenzapfen und sagte: „Ei, was liegen denn da für glitzrige Dinger?"

Und es hielt das weiße Pferdchen an, das den Schlitten zog. Das schüttelte den Kopf und klingelte mit seinen Glöckchen.

Das Christkind aber kletterte aus dem Schlitten, ging zu der alten Tanne und hob die silbernen Zapfen auf. Rundherum schaute es sie an und sagte: „Das sind mal prächtige Tannenzapfen! Die nehme ich mit. Und im alten Haus hänge ich sie an den Weihnachtsbaum. Dann freut sich die Großmutter, und es freuen sich die Kinder vom alten Haus!"

So sagte es, packte die Tannenzapfen alle in seinen Schlitten, und Schlitten und Pferdchen klingelten weiter zum alten Haus. Dort hängte das Christkind die Tannenzapfen an den Weihnachtsbaum.

Da waren die Tannenzapfen froh und glänzten noch einmal so schön. Da freute sich die Großmutter, da freuten sich die Kinder vom alten Haus, und nun ist das Märchen aus.

So erzählte die Heuspeichereule. „Das war wieder einmal ein schönes Märchen", sagten die Kinder, sagten die Tiere, und der Peter meinte: „Weißt du vielleicht noch mehr so herrliche Geschichten, Heuspeichereule?"

„O ja", sagte die Eule, „denn wer in der Scheune vom alten Haus und auf dem Heuspeicher wohnt, Kinder, der hat viele, viele Märchen gesehen!"

„Warum sieht der denn so viele Märchen, Heuspeichereule?" fragte die Gretel.

„Ei", sagte die Eule, „ich kenne sie alle, die in der Scheune wohnen vom alten Haus. Ich kenne die Fledermaus. Ich kenne den Igel. Graue Tauben kenn' ich und kenne die Schwalben und Heimchen, kenne die dicken Kröten. Und ich kenn' auch die schönen Bohnenstangen, die liegen auf meinem Heuspeicher den ganzen Winter lang, und ich kenne den alten Besen. Und wenn es so regnet – hört, Kinder, tickticktick aufs Dach von meiner Scheune, dann kommen Igel und Fledermaus, Tauben, Heimchen und Schwalben, und die Bohnenstangen und der alte Besen. Alle kommen sie zur Heuspeichereule, und dann erzählen wir uns Märchen. Seht, darum weiß ich so sehr viele Märchen!"

Als das die Heuspeichereule gesagt hatte, da ging's auch schon bum, bum! auf dem Heuboden.

Da rischelte und raschelte es im Heu, und wer kam? Der alte Besen kraxelte heran.

„Guten Tag, alter Besen!" sagte die Heuspeichereule, „nein, alter Besen, daß du gerade kommst! Hier sind nämlich die Kinder vom alten Haus und die guten Tiere. Willst du denen nicht ein schönes Märchen erzählen?"

„O ja", sagte der alte Besen, „das will ich gern tun. Aber die Kinder vom alten Haus müssen mir dafür eine schöne rote Seidenschleife mitbringen!"

Ja, das wollten die Kinder nicht vergessen.

„Schön, schön!" sagte der alte Besen, strich sich durch die borstigen Haare, stellte sich an die Wand und sagte: „Ich will euch also jetzt erzählen

Das Märchen von dem armen Gänseblümchen und dem alten Besen

Da wohnte einmal im alten Haus ein wunderschöner starker junger Besen. Der fegte brav und fleißig den Hof, von Pfingsten bis Weihnachten und von Weihnachten bis Ostern.

Als aber der Ostertag vorbei war, schaute der Knecht vom alten Haus den Besen an und sagte: „Pfui, was ist der Besen schon alt geworden! Mit dem kann man doch den Hof nicht mehr fegen! Doch wir wollen es noch einmal versuchen!"

Als er aber nun mit dem Besen über den Hof fegte, da blieb ein Gänseblümchen mit den Blättern, dem Stengel und den Wurzeln an dem alten Besen hängen, so rauh waren seine Reiser.

Der Knecht sah das nicht, und er sagte zu dem alten Besen: „So, guter alter Besen, jetzt hast du genug gearbeitet, und du kannst dich auf deine alten Tage in der Scheune auf dem Heuspeicher ausruhen!"

Und er stellte den Besen in die Ecke.

Als es aber Nacht war und der Mond schien, da kletterte der alte Besen auf den Heuboden. Das arme Gänseblümchen aber hing noch immer in seinen langen Reiserhaaren.

So saß der alte Besen auf dem Heuspeicher in einer düsteren Ecke. Und da wisperte auf einmal das kleine Gänseblümchen ihm zu: „Alter Besen", sagte es, „was sollen wir beide jetzt anfangen?"

„Das weiß ich selber noch nicht", sagte der Besen, „aber wir können uns ja Märchen erzählen, dann wird uns die Zeit nicht lang."

„Nein", sagte das kleine Gänseblümchen, „Märchen kann ich keine mehr erzählen, denn ich wachse nicht mehr und blühe nicht mehr, und bald bin ich welk und tot, ich armes Blümchen."

„Warum denn, kleines Gänseblümchen?" fragte der Besen.

„Ja", sagte das Blümchen, „weil meine Wurzeln aus der Erde gerissen sind. Jetzt kann ich kein Wasser mehr trinken, kann nicht mehr mit den Augen blinken!"

„Nein, wie schrecklich!" sagte der gute Besen, „da muß ich dir helfen, armes Blümchen. Warte nur, gleich komm' ich wieder zurück!" Und vorsichtig setzte er das Gänseblümchen auf den Boden. Dann rutschte er, so schnell er konnte, vom Heuboden hinab und hupfte in den Garten.

Da begegnete ihm zuerst die Maus. Und die Maus fragte: „So spät noch spazieren, alter Besen? Gib acht, daß dich die Katze nicht frißt!"

„Nein", sagte der alte Besen, „die Katze frißt mich ganz gewiß nicht. Aber hör einmal, kleine Maus, weißt du nicht, wo die Zwerge wohnen?"

„Nein, das weiß ich nicht", sagte die Maus, „da mußt du schon den Fuchs fragen. Der kommt weit im Wald herum, und er kennt gewiß ihr Haus!"

Da hopste der Besen weiter, und richtig, er begegnete dem Fuchs. „Guten Abend, Besen", sagte der Fuchs, „so spät noch auf den Beinen? Gib nur acht, daß der Jäger dich nicht schießt!"

„Nein", sagte der Besen, „der Jäger schießt mich gewiß nicht. Aber hör einmal, weißt du nicht, wo die Zwerge wohnen?"

„Nein", sagte der Fuchs, „aber geh doch zur Hexe Tannenmütterchen! Die wird es schon wissen."

Da hüpfte der Besen geradenwegs zur Hexe Tannenmütterchen, klopfte mit seinem Stiel an die Tür, und als die Hexe aufmachte, da sagte er: „Hexe Tannenmütterchen, du weißt doch gewiß, wo die Zwerge wohnen."

„Aber sicher weiß ich das, alter Besen", sagte die Hexe, „die Zwerge wohnen im wilden Wald über den Sieben Bergen. Aber warum willst du denn so weit noch laufen? Weißt du denn nicht, daß auch im Garten vom alten Haus ein Zwergenhäuschen steht? Komm, alter Besen, wir reiten hin!"

Und die Hexe setzte sich auf den alten Besen und ritt wie der Wind über die Bäume, über Berg und Wald und Heide in den Garten hinter dem alten Haus. Und zwischen dunklen Büschen und Bäumen, die der alte Besen noch nie gesehen hatte, stieg sie ab.

Und was stand da? In tiefem Schatten ein winziges Häuschen. Das aber war das Zwergenhaus.

Und die Hexe klopfte an und rief:

„Schließt auf die Tür,
Macht auf das Tor!
Hex und Besen stehn davor!"

Da machten die Zwerge auf, und die Hexe Tannenmütterchen sagte: „Guten Abend, Zwerge vom alten Haus!"

„Guten Abend, Tannenmütterchen! Guten Abend, Tannenmütterchens Besen!" riefen die Zwerge, „sagt, was wünscht ihr von uns?"

"Ihr lieben Zwerge vom alten Haus", sagte da der Besen, "denkt euch, da droben auf meinem trockenen Heuboden liegt ein Gänseblümchen, das muß jetzt verdursten und sterben, weil seine Wurzeln nicht mehr in der Erde sind und weil es den Tau vom Himmel nicht mehr trinken kann!"

"Ei, alter Besen", riefen die Zwerge, "gut, daß du uns das gesagt hast! Gerade so ein Gänseblümchen suchen wir schon lange für unsern Garten. Denn alle Gänseblümchen weitumher haben die Gänse und die Schafe gefressen!"

Und allesamt setzten sie sich auf den Besen, voran die Hexe, und dann ritten sie im Mondschein über den Garten weg, gleich in die Dachluke von der Scheune beim alten Haus. Dort holten sie das Gänseblümchen und pflanzten es dann in ihr Gärtchen. Weil aber der gute alte Besen den Zwergen das von dem Blümchen gesagt hatte, durfte er von nun an jeden Samstag den Zwergen das Häuschen fegen. Und wenn der volle Mond scheint, dann kommt sogar oft die Hexe Tannenmütterchen und reitet auf ihm spazieren über die Wälder. Denn auf keinem Besenstiel kann sie so gut reiten wie auf dem Besen vom alten Haus – das Märchen ist aus.

So erzählte der alte Besen.

„Alter Besen", sagten die Kinder und sagten die Tiere, „das war ein schönes Märchen, das wollen wir aber der Großmutter erzählen!"

„Ja", sagte der Besen, „dann freut sie sich, liebe Kinder, und vergeßt ja nicht, mir das rote Schleifchen mitzubringen, das ihr mir versprochen habt." Nein, die Kinder wollten es gewiß nicht vergessen.

Die Heuspeichereule aber flog an die Dachluke, schaute mit ihren runden Augen hinaus und sagte: „Kinder, nun ist es Zeit für euch. Denn dunkel wird es schon über dem alten Haus."

Und wie ein Wind, husch, flog die alte Eule aus dem Fenster über den Garten hin. „Huhu! huhu!" rief sie noch von weither.

Als das die Großmutter hörte, machte sie ihr Fenster auf im alten Haus und rief über den Hof: „Kinder, hört ihr nicht? Die Eule ruft schon im Garten! Es will Abend werden, und ihr müßt heim!"

Da liefen die Kinder geschwind vom Heuboden herab über den Hof ins alte Haus. Und sie erzählten der Großmutter das schöne Märchen von dem alten Besen. Und von dem roten Schleifchen erzählten sie auch.

Und dann gingen sie zu Bett.

Als sie aber am Morgen aufstanden, holte ihnen die Großmutter gleich ein rotes Seidenschleifchen aus der Truhe und sagte: „Hier, Kinder, habt ihr das rote Schleifenband. Das könnt ihr dem guten alten Besen auf den Heuboden bringen!"

Die Kinder nahmen die Schleife und gingen mit den Tieren wieder auf den Heuspeicher. Und schon wackelte der alte Besen aus seiner Ecke und fragte: „Habt ihr auch die rote Schleife nicht vergessen, Kinder?"

„Nein, alter Besen", sagte Gretel, „daran haben wir schon gedacht!" Und sie gaben ihm das rote Band.

„Aber was willst du denn nur damit anfangen, alter Besen?" fragte die ururalte Katze Murks.

„Was meinst du wohl?" sagte der Besen, „umbinden will ich es mir! Denn heut abend ist großes Fest im Garten, und mit der roten Schleife um den Hals geh' ich mit unseren Bohnenstangen tanzen. Denn wißt ihr, die spitzen langen Bohnenstangen sind gestern erst auf den Speicher gekommen, weil ja die Großmutter all ihre Bohnen abgepflückt hat. Und drum wollen die Bohnenstangen heut abend tanzen gehen."

„Das wird aber fein", sagte die Gretel, „dürfen wir nicht mitkommen?"

„Ja, kommt nur alle", sagte der alte Besen, „Kinder und Tiere. Auch die Tiere vom Speicher gehen ja mit! Aber jetzt muß ich fort. Jetzt muß ich mich anziehen und feinmachen!"

Da kletterten die Kinder und die drei Tiere wieder vom Heuspeicher herab, und die ururalte Katze Murks sagte: „Kinder, es tröpfelt immer noch ein bißchen aus den grauen Wolken. Und ich habe es wirklich nicht gern, wenn es mir in die Ohren regnet. Wir wollen also heut einmal in den Keller vom Alten Haus."

„Fein, Murks!" sagte der Peter, und Bautz, der alte Hund, machte schon mit seiner Pfote die Kellertür auf.

Und sie gingen tief, ganz tief in den Keller hinab. So dunkel war es da drunter, so dunkel, daß bloß die ururalte Katze Murks etwas sehen konnte.

Da sagte Krahks, der uralte Hahn: „Hört, in der Scheune weiß ich noch eine alte Laterne. Die will ich holen, die zünden wir an, und dann haben wir Licht! Kikeriki!"

Und schon flatterte der uralte Hahn wieder die Kellertreppe hinauf, dann in die Scheune, und dort holte er die alte Laterne von ihrem Nagel. Kikeriki! da war er schon wieder im Keller, und die Laterne trug er in seinem krummen Schnabel.

„Ja", sagte Bautz, der alte Hund, „das ist ja gut und schön. Die Laterne haben wir, aber wer zündet sie uns an?"

„Oh", mauzte die Katze Murks, „wir rufen einfach das Kellermännchen!"

„Was?" sagten die Kinder ganz leise, „gibt es auch ein Kellermännchen im alten Haus?"

„Miau", sagte die Katze, „was denkt ihr denn? Im alten Haus gibt es sehr viele Männchen, und natürlich gibt es auch ein Kellermännchen!"

„Aber was tut denn das Kellermännchen?" fragten die Kinder.

„So ein Kellermännchen", sagte die ururalte Katze Murks, „hat eine Menge Arbeit. Im Winter deckt es die Kartoffeln zu, daß sie nicht erfrieren, miau! Und es gibt acht, daß immer ein feuchtes Tuch über dem Schweizer Käse ist, denn sonst, miau, wird der Schweizer Käse zu trocken. Und es füttert die Mäuse, weil die Mäuse sonst, miau, der Großmutter ihren Kuchen fressen. Und wenn es kalt wird, dann gibt es acht, daß die Wasserleitung nicht friert, miau! Und es sucht die Steine aus den Kohlen, weil Steine ja nicht brennen im Herd. Und die Pflaumentöpfe sieht es nach, daß die Pflaumen nicht schimmeln und das Mus nicht sauer wird. Seht, das alles und noch viel mehr tut das Kellermännchen!"

„Nein, ist das ein fleißiges Männchen!" sagten die Kinder, „aber nun ruf es doch einmal, Katze Murks!"

Da setzte sich die ururalte Katze auf die Hinterbeine und sang:

„Miau, miau, mioh!
Kellermännchen auf dem Stroh!
Miau, mioh, miau,
Kellermännchen, schau:
Wir sitzen hier im Dunkeln,
Nur Murksens Augen funkeln!

Kellermännchen, guter Mann,
Komm, zünd die Latern uns an!
Kellermännchen auf dem Stroh,
Miau, miau, mioh!"

So sang die Katze Murks. Und schon knisterte es im Kellerstroh. Und trippe, trappe! kam ganz leise das Kellermännchen aus der finsteren Ecke. Und seine Augen leuchteten wie Katzenaugen.

So klein war es, das Kellermännchen, daß es auf der Katze Murks hätte reiten können. Doch es brummte wie ein Bär: „Ah, buh! Da seid ihr ja, Kinder vom alten Haus, Tiere vom alten Haus! Und jetzt will ich euch die Laterne anzünden!"

Damit holte es Schwefelhölzchen aus der Tasche, ritsch! leuchtete das Flämmchen, und die Laterne brannte.

Dann brummte es: „Ururalte Katze Murks, das ist aber brav von dir, daß du die Kinder endlich einmal mitgebracht hast! Ach, im Keller, da ist es schön!"

„Sag einmal, Kellermännchen", fragte der Peter, „dann weißt du sicher auch ein schönes Märchen aus dem Keller?"

„Ah, buh!" knurrte das Kellermännchen, „hundert Märchen weiß ich, schöne Märchen, feine Märchen! Aber erst muß ich einmal nach den Äpfeln sehen. Denn die Großmutter kann es nun einmal nicht leiden, wenn faule dabei sind!"

Und wie eine Katze sprang es auf das Apfelbrett, suchte geschwind die faulen Äpfel heraus, eins, zwei, drei, vier, und aß sie auf, alle vier, mit Schale, Stiel und Kernen.

„Ach", sagte es, „die schmecken lecker. Es geht doch nichts über faule Äpfel! Die sind alle für das fleißige Kellermännchen!"

Dann suchte es noch geschwind ein paar Steine aus den Kohlen, und auch die aß es, krack! knack! alle auf. Drauf leckte es sich den Kohlendreck von dem schwarzen Mund und von den feuerroten Zähnen, setzte sich auf die Laterne und sagte: „So, nun hört einmal ein schönes Kellermärchen:

Das Märchen von dem guten Kartoffelkönig

Es war einmal eine große Kiste Kartoffeln. Die stand im Winter im Keller vom alten Haus. Ich kann euch sagen, prachtvolle Kartoffeln waren es, eine noch dicker als die andre.

Eines Tages aber, da rief's aus der Kartoffelkiste: „Ich will nicht geschält werden! Ich will nicht gekocht werden! Und gegessen werden will ich schon gar nicht! Denn ich bin der große Kartoffelkönig!" Und das ist auch wahr gewesen.

Denn mitten in der Kartoffelkiste hat der Kartoffelkönig gelegen. Der war so groß wie zwölf andere große Kartoffeln zusammen. Und gerade als er das gesagt hatte, der Kartoffelkönig, da kam die Großmutter in den Keller. Denn sie wollte ein Körbchen Kartoffeln holen. Die wollte sie schälen und zu Mittag mit Salz und Wasser kochen.

Auch den Kartoffelkönig tat sie in ihr Körbchen und sagte: „Ei, das ist mal eine dicke Kartoffel!"

Aber als die Großmutter mit dem Körbchen aus dem Keller kam und über den Hof ging, da sprang der Kartoffelkönig hops aus dem Körbchen und rollte so geschwind durch den Hof davon, daß die Großmutter nicht hinterher konnte.

„Ach", sagte sie, „ich will sie nur laufen lassen, die dicke Kartoffel. Vielleicht finden ein paar arme Kaninchen sie und fressen sich dick und satt daran."

Der Kartoffelkönig aber rollte immer weiter, der große Kartoffelkönig.

Da begegnete ihm der Igel und sagte zu ihm: „Halt, dicke Kartoffel, wart ein Weilchen, ich will dich zum Frühstück essen!"

„Nein, nein", sagte der Kartoffelkönig, „Großmutter mit der Brille hat mich nicht gefangen, und du, Igel Stachelfell, kriegst mich auch nicht!" Und eins, zwei, drei! rollte er weiter, bis in den Wald hinauf.

Da begegnete ihm das Wildschwein. „Halt, prachtvolle dicke Kartoffel", rief es, „wart ein Weilchen, ich will dich geschwind fressen!"

„Nein", sagte der Kartoffelkönig, „Großmutter mit der Brille hat mich nicht gefangen, Igel Stachelfell hat mich nicht gefangen, und du, Wildschwein Grunznickel, kriegst mich auch nicht!" Und eins, zwei, drei! rollte er weiter durch den Wald.

Da begegnete ihm der Hase, der rief: "Halt, du schöne dicke Kartoffel, wart ein Weilchen, ich will dich nur eben aufessen!"

"Nein", sagte der Kartoffelkönig, "Großmutter mit der Brille hat mich nicht gefangen, Igel Stachelfell hat mich nicht gefangen, Wildschwein Grunznickel hat mich nicht gefangen, und du, Has' Langohr, kriegst mich auch nicht!" Und eins, zwei, drei! rollte er weiter durch den Wald, der große Kartoffelkönig.

Da begegnete ihm die Hexe Tannenmütterchen, und sie sagte: "Halt, wart ein Weilchen, du leckerer Kartoffelkönig, ich will dich nur eben kochen und aufessen!"

"Nein", rief der Kartoffelkönig, "Großmutter mit der Brille hat mich nicht gefangen, Igel Stachelfell hat mich nicht gefangen, Has' Langohr hat mich nicht gefangen, und du, Hexe Tannenmütterchen, kriegst mich auch nicht!" Und eins, zwei drei! rollte er weiter, der große Kartoffelkönig.

Da begegneten ihm zwei arme Kinder. Die hatten Hunger, und sie sagten: "Ach, was läuft da für eine dicke Kartoffel! Wenn wir die zu Haus hätten, dann könnte die Mutter uns einen großen Reibekuchen davon backen!"

Als das der Kartoffelkönig hörte, da hielt er im Laufen ein, und hops! sprang er den armen Kindern ins Körbchen. Und die Kinder bekamen einen dicken, fetten Reibekuchen des Mittags zu Haus, das Märchen ist aus!

So erzählte das Kellermännchen.

„Ach, war das ein schönes Märchen, Kellermännchen", sagten die Kinder, sagten die Tiere, „willst du nicht noch so eine wunderbare Geschichte erzählen?"

„Oh", brummte das Kellermännchen, „ich weiß noch tausend Märchen, aber ich muß mich erst besinnen!"

„Miau", sagte die ururalte Katze Murks, „kennst du denn auch das Märchen vom Kasperl in der Mausefalle?"

„Nein", sagte das Kellermännchen, „das kenne ich nun gerade nicht. Willst du es uns nicht erzählen, ururalte Katze Murks?"

„Ja, miau", schnurrte die Katze, „das will ich gern – gebt acht, so geht

Das Märchen vom Kasperl in der Mausefalle

Es waren einmal zwei Kinder. Die hatten einen Kasperl mit langer roter Nase und roter Mütze.

Eines Abends nun, da hatten die Kinder auf einmal ihren Kasperl verloren. Sie suchten in allen Ecken, aber sie fanden ihn nicht. Wo aber ist der Kasperl gewesen?

Durch das Kellerloch war er in den Keller gefallen, als die Kinder einmal gerade nicht aufpaßten, tief in den dunklen Keller. Dort lag er nun und schlief.

Erst als es Nacht war, wachte der Kasperl auf, rieb sich die Augen, sprang auf die Beine und spazierte im Keller umher.

Alles besah er sich, denn hell schien der Mond durch das Kellerloch – er kletterte auf das Äpfelbrett, roch an dem Sauerkrauttopf, klopfte an das Fäßchen mit dem Hagebuttenwein, freute sich über die vielen bunten Einmachgläser, und gerade wollte er auf den Kohlenberg klimmen, da sah er auf einmal ein kleines Häuschen in der Kellerecke, und dies Häuschen war ganz aus Draht.

„Nein, was ist das für ein komisches Häuschen!" wunderte sich der Kasperl. Und was meint ihr, was das für ein Häuschen war? Es war eine Mausefalle. Und die Tür von der Mausefalle stand offen.

Das sah der Kasperl, und er freute sich. „Fein", sagte er, „ich will mir doch das wunscherschöne Häuschen einmal von innen besehen!"

Dann bückte er sich mit seiner runden hohen Mütze, und leis, auf den Zehenspitzen, kroch er in das Häuschen hinein. Kaum aber war er drinnen, da machte es klapp! und die Tür vom Häuschen war zu. Und der arme Kasperl war in der Mausefalle gefangen.

Wie komm' ich nur wieder hinaus? dachte er und lief an dem Gitter herum und rüttelte an dem eisernen Türchen.

"Macht mir auf!" schrie er, "macht mir auf!" Aber keiner hörte ihn rufen. Denn das Kellermännchen war gerade bei dem Scheunenmännchen zu Besuch, und die Kinder lagen schon lange in ihren Betten und schliefen.

Und wieder und wieder rief der arme Kasperl, so laut er konnte. Da tat es auf einmal einen Plumps in dem Keller. Denn durch das Kellerloch war der Zauberer aus dem Kasperltheater in den tiefen Keller hinabgerutscht. Er hatte nämlich den Kasperl rufen hören.

Und er ging an die Mausefalle und schaute und sagte: "Nun sieh mal einer an, da sitzt ja unser Kasperl drin!"

"Ja", sagte der Kasperl, "da sitze ich drin! Mach mir doch die Klappe auf, lieber guter Zauberer, und laß mich hinaus!"

"Gern!" sagte der Zauberer, "aber dann mußt du auch mit mir fortlaufen, daß die Kinder nicht mehr mit uns spielen können! Du weißt ja, Kasperl, die bösen Kinder, die stecken uns immer die Finger in die Köpfe und sogar in die Arme, und dann spielen sie ihr Theater mit uns. Drum wollen wir sehen, daß wir fortkommen!"

Und er machte dem Kasperl die Mausefalle auf. Mit einem einzigen Sprung kam der Kasperl heraus.

"So, Kasperl", sagte der Zauberer, "jetzt geschwind fort in den Wald und dann über alle Berge!"

"Ich weiß nicht", meinte der Kasperl, "bei den Kindern wohnen wir doch warm in unserer Puppenschachtel. Über den Bergen aber, da ist es kalt!"

"Ach was!" rief der Zauberer, "wenn es kalt wird und regnet, kriechen wir einfach in ein Kaninchenloch!"

"Und die armen Kinder?" fragte der Kasperl.

"Arme Kinder! Arme Kinder!" schrie der Zauberer, "wir sagen dem Wolf im Wald Bescheid, dann kommt er ins alte Haus und frißt die Kinder!"

"Ja", sagte der Kasperl, "aber über den Bergen im Wald haben wir doch nichts zu essen. Hier in dem Drahthäuschen nun hängt ein prachtvolles Stückchen Speck. Wollen wir uns das nicht mitnehmen auf die Reise?"

"Ja, Kasperl, da hast du recht", sagte der Zauberer, "wart, ich will es uns schnell holen!" Und er kroch in die Mausefalle, der böse Zauberer. Kaum war er drin, da, klapp, machte der Kasperl das Türchen zu, und der Zauberer konnte nicht mehr heraus. Wie freute sich da der Kasperl, und es freuten sich die braven Kellermäuse, und alle tanzten sie um die Mausefalle herum und lachten und pfiffen.

Das hörte die Großmutter in ihrer Stube. Und sie stand auf und sagte: „Ich muß doch einmal drunten nachsehen! Sicher ist eine Maus in der Falle!" Als sie aber mit dem Licht in den Keller kam und in die Mausefalle hinableuchtete, da saß der Zauberer drin. Der Kasperl aber lag neben der Falle und schlief.

„Nein, so etwas!" sagte die Großmutter, nahm den Zauberer und den Kasperl in ihrer Schürze mit und brachte sie alle beide den Kindern zurück. Die aber freuten sich sehr, weil sie ihren lieben Kasperl wiederhatten und den bösen Zauberer – da konnten sie wieder spielen im alten Haus, das Märchen ist aus.

So erzählte die uralte Katze Murks.

„Das war ein schönes Märchen, Murks", sagte das Kellermännchen, „aber jetzt muß ich einmal nach dem Bohnenfaß sehen. Denn die Großmutter will Bohnen einmachen, und dann muß das Bohnenfaß blitzsauber sein!"

„Ja, Kellermännchen", sagte die uralte Katze Murks, „dann wollen wir dich nicht stören. Denn die Großmutter wartet schon mit dem Essen."

Und sie bliesen die Laterne aus, gingen hinauf ins alte Haus und setzten sich um den Tisch.

Als sie aber gegessen hatten, da fragte der Peter die Großmutter. „Großmutter", sagte er, „da hat uns doch der alte Besen von einem Zwergenhäuschen erzählt, das stände im Garten vom alten Haus? Großmutter, bist du schon einmal bei den Zwergen gewesen in deinem Garten?"

„Ja", sagte die Großmutter, „das bin ich schon oft. Aber erst im Frühjahr haben sich die Zwerge dies Häuschen in unserem Garten gebaut. Früher wohnten sie alle draußen im wilden Wald. Und von den Waldzwergen will ich euch erzählen!"

Und sie setzte ihre Brille auf und sagte: „Gebt acht, Kinder, das Märchen heißt

Der Zwerg im Kohlenkasten

Wißt ihr, wenn die Großmutter im alten Haus einen Kuchen backt, dann läßt sie immer ein bißchen Teig in der Schüssel. Die Schüssel mit dem Teig stellt sie dann abends auf den Tisch, und sie geht ins Bett.

Und ist die Großmutter eingeschlafen, – dann kommen in der dunklen Nacht die kleinen Zwerge aus ihrem Zwergenhäuschen ins alte Haus und finden auf dem Tisch die Teigschüssel. Wenn sie nun sehen, daß noch ein bißchen Teig darin ist, dann freuen sie sich sehr, dann machen sie Feuer im Herd und backen sich schnell einen kleinen Kuchen. Den nehmen sie sich mit ins Zwergenhaus.

Nun hatte die Großmutter wieder einmal gebacken, und aus den Fenstern vom alten Haus duftete es nach Kuchen bis in den Wald hinaus. Und wieder hatte sie ein paar Hände voll Teig in der Backschüssel gelassen. Dann ging sie zu Bett.

Am Morgen nun, als sie aufgestanden war, wollte sie zuerst Feuer anzünden im Herd. Und sie schob den Kohlenkasten heran. Was denkt ihr aber? Da lag ein kleiner Zwerg auf den Hobelspänen im Kohlenkasten und schlief.

Die Großmutter schüttelte den Kopf. Dann weckte sie den Zwerg und sagte: „Kleiner Zwerg mit dem großen Bart, warum liegst du denn im Kohlenkasten und schläfst?"

Der Zwerg rieb sich die Augen und sagte: „Ach, liebe Großmutter, nun habe ich mich verschlafen! Weißt du, wir riechen es immer bis in den Wald hinauf, wenn du backst, und da sind wir denn auch gestern gekommen, uns einen Kuchen zu backen. Wie wir den Teig dann im Backofen hatten, da legten wir uns alle ein Stündchen aufs Ohr, der eine im Wäschekorb, der andere in der Tischschublade, der andere hinter dem Herd auf dem Holz und ich im Kohlenkasten. Denn wir mußten ja warten, bis der Kuchen fein braun gebacken war. Ja, und da hab' ich mich verschlafen. O weh, Großmutter, das ist schlimm!"

„Schlimm?" sagte die Großmutter, „und o weh? Kleiner Zwerg, ich tu' dir doch nichts, und auch Bautz, der alte Hund, beißt dich nicht."

„O weh", sagte der Zwerg noch einmal, „Großmutter, ich bin ja der kleinste von all den Waldzwergen. Und ich weiß den Weg noch nicht über die Berge ins Zwergenhaus. Gewiß verirre ich mich jetzt im wilden Wald!"

„Da brauchst du nicht bange zu sein, kleiner Zwerg", sagte die Großmutter, „ich will dir unsere ururalte Katze Murks mitschicken. Die weiß Weg und Steg im wilden Wald!" Und sie schnitt dem Zwerg ein großes Stück Kuchen ab.

Dann rief sie die ururalte Katze Murks herbei und sagte zu ihr: „Höre, ururalte Katze Murks, du mußt mit dem kleinen Zwerg da in den wilden Wald und ihn zum Zwergenhaus bringen!"

„Miau, Großmutter", sagte die Katze Murks, „an dem Zwergenhaus bin ich schon oft gewesen, das kenne ich gut! Und den Weg weiß ich im Dunkeln." Und sogleich ging sie mit dem kleinen Zwerg hinaus in den wilden Wald, erst durch die Haselhecken, nun in die tiefen Tannen, an der Fuchshöhle, am Häuschen von der Hexe Tannenmütterchen vorüber, unter der Tanne Stickfinstereulenstock her, und da kam ein großmächtiger Riese des Weges.

„He, ihr beiden", brüllte er sie an, „euch alle zwei leg' ich jetzt auf mein Butterbrot und fresse euch auf. Denn ich bin der Riese Lelbeck!"

„Warte lieber noch ein Weilchen", sagte die uralte Katze Murks, „wir wollen dir erst ein paar

Zwiebeln suchen. Denn mit Zwiebeln schmecken wir dir doch hundertmal besser, schöner Riese Lelbeck!"

„Meinetwegen, das könnt ihr tun", sagte der Riese, „aber kommt ja bald zurück. Denn ich habe Hunger. Und hier warte ich auf euch!"

Der kleine Zwerg und die ururalte Katze Murks gingen also in den Wald. Und der Zwerg sagte: „Gute Katze Murks, jetzt müssen wir Zwiebeln suchen, damit wir dem abscheulichen Riesen noch hundertmal besser schmecken!"

„Dann such du nur Zwiebeln", mauzte die ururalte Katze Murks den Zwerg an, „ich aber laufe hoppelehopp in die Bärenhöhle zum Bären Urian, der ist mein guter Freund!" Und fort war sie.

Als sie dann an die Höhle kam, lag der Bär davor und ließ sich die Sonne in den Pelz scheinen. „Nun sieh einmal an, die Katze Murks!" brummte er, „was willst du von mir?"

„Ach schöner, wilder brauner Urian", sagte die Katze, „denk dir nur, der Riese Lelbeck will mich ururalte Katze Murks und den kleinen Zwerg zum Butterbrot fressen. Darum mußt du jetzt den Riesen fressen, Urian, wilder Bär!"

„Schön, Katze Murks", sagte der wilde Bär, „der Riese wird gefressen!" Und er stand auf und lief mit der Katze Murks zu dem kleinen Zwerg.

„Jetzt habe ich eine Zwiebel gefunden", sagte der, „und nun müssen wir zu dem Riesen gehen. Denn der wartet auf uns."

Da machten sie sich alle auf den Weg, der kleine Zwerg voran, dann die ururalte Katze Murks und hinterdrein Urian, der wilde Bär.

„Nun?" rief der Riese Lelbeck, als er den Zwerg sah, „habt ihr Zwiebeln mitgebracht?"

„Ja", weinte der arme Zwerg, „eine Schneeglöckchenzwiebel hab' ich gefunden, aber sie wird dir schon schmecken!"

„Und ich, miau", sagte die ururalte Katze, „ich habe auch etwas gefunden! Urian, den wilden Bären." Da erst sah der Riese den Bären.

Und als der Bär sich auf die Hinterbeine stellte und das rote Maul mit den vielen spitzen Zähnen aufriß, da lief der Riese auf und davon, tief in den Wald.

„Nun hab' ich ja doch keinen Riesen zu fressen gekriegt!" brummte der Bär die Katze an. Da gab ihm der Zwerg ein Stück von seinem süßen Kuchen.

„Nun, das schmeckt ja auch nicht schlecht!" sagte der Bär, schluckte den Kuchen und lief, was gibst du, was hast du, hinter dem Riesen drein.

Die ururalte Katze Murks und der Zwerg aber gingen weiter ihren Weg. Da begegneten sie dem bösen Zauberer Hexenpüster. Der schaute sie freundlich an und sagte: „Schön, daß ihr kommt, ihr zwei, sehr schön! Jetzt will ich euch einmal schnell verzaubern!"

„Warte, warte!" sagte die ururalte Katze Murks, „das wollen wir doch erst einmal sehen! Denn du armseliges Kerlchen willst der große Zauberer Hexenpüster sein? Wenn du der bist, dann zaubre uns doch einmal ins Zwergenhäuschen im wilden Wald! Aber nein, das kannst du ja nicht!"

„Wohl kann ich das!" schrie der Zauberer. Und er nahm sein Zauberstäbchen, rührte damit den Zwerg und die ururalte Katze an und sagte dabei und zauberte:

„Susesausezickzackzock,
Flieget über Stein und Stock,
Durch die Bäume, durch den Busch,
Wupp und fluppdich Rusch und Husch
Zickzacksusesaus und braus
Zu dem Zwergenhaus!"

Und im Hui waren sie beide in der Luft, der kleine Zwerg und die ururalte Katze Murks, sausten zick und zack durch die Zweige und Blätter, und die Eicheln schlugen ihnen um die Ohren. Vogelnestchen sahen sie im Fliegen unter sich, die

Wildtauben stoben davon, und erschrocken guckten von der Waldwiese die Rehe hinauf. Da aber rauchte schon der Schornstein vom Zwergenhaus, und sie standen vor der Türe, zerrupft und zerzaust.

„Hu, war das eine Fahrt!" sagte der kleine Zwerg. Dann liefen sie geschwind ins Häuschen. Denn da konnte ihnen der böse Hexenpüster nichts mehr tun.

Als nun die anderen Zwerge den Kohlenkastenzwerg sahen, da gaben sie ihm die Hand und fragten: „Ei, wo kommst du denn her? Im ganzen Wald haben wir dich schon gesucht!"

„Ja, was denkt ihr?" sagte der Kleine, „beim Bakken im alten Haus habe ich mich im Kohlenkasten verschlafen. Und jetzt hat mich die ururalte Katze Murks wieder nach Hause gebracht. Hu, war das eine Reise!" Da gaben die Zwerge der guten Katze Murks Milch und Kuchen. Und die Katze lief wieder ins alte Haus, das Märchen ist aus.

So erzählte die Großmutter. Und die Kinder sagten: "Oh, das war ein schönes Märchen, Großmutter! Aber jetzt wollen wir in den Garten gehen und das Zwergenhäuschen dort suchen!"

"Ja", meinte die Großmutter, "aber die guten Tiere müssen mit, denn die wissen, wo das Zwergenhaus steht, und zeigen es euch!"

Da gingen die Tiere mit den Kindern in den Garten. Es regnete nicht mehr. Und alle Wege und Beete und die Wiese im Garten waren gelb und rot von den vielen welken Blättern, die von den Bäumen geregnet waren und die der Wind hinabgefegt hatte.

Die Kinder aber sagten zu den Tieren: "Seht, jetzt fallen die Blätter von den Bäumen, jetzt kommt der Herbst ins Land."

"Ja", sagte der alte Hund, "da sind die Zwerge gewiß nicht zu Haus!"

"Wo sind sie denn?" fragte der Peter.

"Ei", sagte die ururalte Katze Murks, "die sind draußen auf ihrem kleinen Feld und graben ihre Kartoffeln aus!"

"Und wo ist denn das Zwergenfeld?" fragte die Gretel.

"Das werden wir gleich wissen!" krähte Krahks, der uralte Hahn. Dann flog er hoch auf den Birnbaum, blinzte mit dem einen Auge nach rechts, mit dem anderen nach links, und schon schlug er mit beiden Flügeln und rief: „Kikeriki, ich sehe sie!"

Und er flatterte von dem Baum in den Garten hinab, vor den Kindern her unter den alten Bäumen, über die Beete, durch die Hecken und über den kleinen Bach. Dann kam wieder eine Wiese mit lila Herbstblumen, nun ein Stoppelfeld, und dann waren sie am Zwergenacker.

Dort waren alle Zwerge an der Arbeit und hackten ihre Kartoffeln aus der Erde. Sogleich liefen die Kinder hin und halfen ihnen, lasen die Kartoffeln auf und taten sie in Säcke. Da waren die Zwerge bald fertig, und Sack an Sack stand am Akkerrand.

„So, liebe Kinder, so, liebe Tiere", sagten die Zwerge, „weil ihr uns so fleißig geholfen habt, darum wollen wir euch auch ein schönes Märchen erzählen. Erst aber müssen wir auf dem Feld das trockene Kartoffelkraut verbrennen."

Und sie trugen alles Kartoffelkraut zusammen, mitten auf das Feld. Ein großer Haufen war es geworden. Dann setzten sie sich drumherum, die Zwerge mit den langen grauen Bärten, die Kinder und die Tiere.

Nur ein Zwerg, der hatte sich nicht gesetzt. Er war der älteste von allen und hatte den längsten

Bart. Und er rief über das Feld den Berg hinauf in die Heide:

„Feuermännchen, Feuermann,
Komm, zünd uns das Feuer an!
Haben oft dich schon gesehn,
Feuermann, im Berge gehn.
Und nun rufen dich die Zwerge,
Feuermann, im dunklen Berge!
Feuermännchen, Feuermann,
Zünd uns dieses Feuer an!"

So rief der Zwerg. Und schon leuchtete, droben hoch auf dem Berg, ein rotes Flämmchen. Das knisterte hell die Heide hinab. Und die Kinder meinten, es wär' eine große Mohnblume, die liefe und flatterte von der Höhle auf die Zwerge zu. Aber nein, es war der Feuermann.

Und nun war er drunten, und weit von dem Stoppelfeld her sprang er mit einem Satz mitten in das trockene Kartoffelkraut hinein, sprang hierhin, sprang dorthin, und schon rauchte das Kartoffelfeuer, dann brannte es lichterloh.

Das Feuermännchen aber spazierte aus dem Feuer, setzte sich zu den Zwergen und sagte:

„Feuermännchen, Feuermann,
Zündet' euch das Feuer an.
Hat euch oft ja schon gesehn,
Zwerge, in die Berge gehn!
Doch für meine Mühe nun,
Müßt ihr mir was Gutes tun.
Denn der rote Feuermann
Zündet' euch die Flamme an!"

„Ei", riefen die Zwerge, „guter lieber Feuermann, hör ein schönes Märchen an!"

„Wunderbar", sagte der Feuermann, „Märchen, die mag ich, Märchen, die hab' ich gern!" Und er langte aus seinem roten Röckchen eine Pfeife. Da hinein stopfte er allerlei trockene Kräuter. Dann blies er aus seiner langen Nase, die war wie glühendes Glas so rot, feurige Funken auf den Tabak. Schon brannte die Pfeife, schon rauchte sie.

Und als er so qualmte und das Kartoffelfeuer so schön in den Abend hinauf brannte, hustete der alte Zwerg einmal, schaute in das Feuer und sagte: „Ich will euch also erzählen

Das Märchen von der Kartoffelmaus

Es war einmal eine Maus. Die wohnte mitten in einem hohen Kartoffelfeld. Und als es Herbst war und die Blätter von den Bäumen wehten und das Kartoffellaub gelb wurde, da sagte die Mäusemutter zu ihren Kindern: „Kinder, jetzt ist der Herbst gekommen, und nun fährt bald der Bauer, dem das Feld hier gehört, mit dem Wagen herbei und hackt seine Kartoffeln aus. Dann müssen wir fort und uns ein anderes Nestchen suchen!"

Da weinten die Mäusekinder. Und die Mäusemutter sagte: „Nun, noch liegen wir ja im alten Nest. Aber jetzt muß ich ausgehen und sehen, daß ich etwas zum Essen finde. Seid hübsch artig, Kinder, und gebt acht, wenn der Bauer kommt! Und erzählt mir alles und jedes Wort, das er gesagt hat!" Ja, das wollten die Mäusekinder tun.

Und die Mäusemutter ging fort in das Land hinaus.

Noch gar nicht lange aber waren die Mäusekinder allein, da kam der Bauer, dem das Kartoffelfeld gehörte. Er riß eine Kartoffelstaude aus und sagte zu seinem Jungen, denn der war mit ihm gekommen: „Sieh da, die Kartoffeln sind dick und rund und reif! Morgen gehen wir zu unseren Nachbarn, die sollen uns helfen, die Kartoffeln auszumachen!"

So sagte er, und die beiden gingen wieder heim. Die kleinen Mäuse aber hatten jedes Wort gehört. Und als die Mäusemutter heimkam, erzählten sie ihr alles.

Da lachte die alte Maus und sagte: „Dann hat es keine Not! Wir können ruhig noch im Nestchen bleiben!"

Und richtig, der Bauer ging zu seinen Nachbarn und sagte: „Könnt ihr mir morgen nicht helfen meine Kartoffeln ausmachen?" Ja, sagten die Nachbarn alle, das wollten sie gerne tun.

Am Morgen nun ging der Mann mit seinem Jungen auf das Feld und wartete auf die Nachbarn, die ihm helfen wollten. Und die Mäusekinder fürchteten sich sehr. Denn die Mäusemutter war wieder ausgegangen, das Essen zu besorgen. Und die Kleinen saßen allein im Nest. Und sie warteten, und der Bauer wartete auch.

Aber die Nachbarn kamen nicht. Da sagte der Bauer: „Siehst du, sie wollen uns nicht helfen! Gehen wir also zu meinen Brüdern, die werden gewiß nicht nein sagen!"

Dann gingen sie heim, der Bauer und sein Junge. Die kleinen Mäuse aber hatten jedes Wort gehört.

Als nun die Mäusemutter heimkam, erzählten sie ihr alles. Da lachte die Mäusemutter wieder und sagte: „Nein, Kinder, noch hat es keine Not! Und wir können ruhig bleiben, wo wir sind!"

Der Bauer aber ging zu seinen Brüdern und sagte: „Helft mir doch morgen die Kartoffeln ausmachen. Denn ihr seid doch meine Brüder!"

„Ja, gern", sagten die Brüder, „das wäre ja noch schöner, wenn wir dir nicht helfen wollten!"

Am Morgen also ging der Mann mit seinem Jungen auf das Feld und wartete dort auf seine Brüder, die ihm helfen wollten. Und wieder hatten die armen Kleinen im Nest große Angst. Denn schon eine ganze Weile war die Mäusemutter ausgegangen, Essen zu holen. Und der Bauer mit seinem Jungen, sie warteten und warteten, aber die Brüder kamen nicht.

Da endlich standen die beiden auf, und der Mann sagte: „Jetzt siehst du es, die Nachbarn wollen nicht helfen, die Brüder wollen nicht helfen. Also gehen wir beide morgen allein hin und graben selbst unsere Kartoffeln aus."

So sagte er, und sie gingen beide heim. Die kleinen Mäuse aber hatten wieder jedes Wort gehört.

Als dann die Mäusemutter kam, erzählten sie ihr alles. Diesmal aber lachte die alte Maus nicht, und sie sagte: „Kinder, Kinder, wenn er selber kommt, dann ist es Zeit! Dann müssen wir uns ein anderes Nest suchen!"

Und eins, zwei, drei, liefen sie alle miteinander aus dem Kartoffelfeld, die Mäusemutter voran und die Kinder hinterdrein. Weil sie aber nicht wußten, wo sie ein neues Nestchen finden konnten, gingen sie zu den kleinen Zwergen in den Garten beim alten Haus. Und die guten Zwerge ließen die armen Mäuse in ihr Häuschen. Da durften sie unter der Küchendiele wohnen.

Und als am Morgen der Bauer auf das Kartoffelfeld kam und selbst die Kartoffeln hackte, da stand leer das alte Mäusehaus, und das Märchen ist aus.

So erzählte der Zwerg am Kartoffelfeuer. Und der rote Feuermann und die Zwerge und die Tiere und die Kinder sagten: „Das war eine schlaue Maus! Das war ein schönes Märchen!"

Der Feuermann aber schnaubte eine rote Flamme aus der Nase in das Kartoffelfeuer und sagte: „Jetzt will auch ich euch einmal ein Märchen erzählen, weil das Feuer gar so schön brennt in den dämmerigen Abend. Und das Märchen geht so:

Die Kinder und der Feuermann

Es waren einmal zwei Kinder. Die gingen hinauf in den Wald und wollten Heidelbeeren suchen. Und wie sie so von einem Beerenbüschlein zum andern gingen, da wurde der Wald dunkler und dunkler. Und bald war kein Weg mehr zu sehen. Da hatten die armen Kinder sich verirrt.

Und sie setzten sich in das Moos und weinten. So dunkel aber war es, daß eines das andre nicht mehr sehen konnte. Und finster rauschte der Wald, und die Eulen schrien. Hinter den Bergen heulte der wilde Wolf. Und die Kinder fürchteten sich sehr.

„Ach, wenn wir doch nur ein Fünkchen Licht hätten!" sagte das Mädchen zu dem Jungen. „Du", antwortete er, „da fällt mir etwas ein. Ruft nicht unsere Großmutter immer den Feuermann, wenn sie den Herd anzünden will oder die Lampe und es sind keine Streichhölzer im Haus?"

„Ja", sagte sie, „aber weißt du denn auch, wie die Großmutter das macht?"

„Oh, ich habe genau achtgegeben!" rief er. Dann stand er auf, hielt die Hände wie einen Trichter an den Mund und rief in den Wald hinein:

„Feuermännchen, Feuermann,
Hinterm Berg im dunklen Tann,
Komm, zünd uns ein Lichtchen an!"

Kaum hatte er das gerufen, da brauste ein Feuerschein gelb und rot durch den Wald heran. Das war der Feuermann. Eine rote Flamme war sein Mützchen, und seine Schuhe waren aus glühendem Eisen.

Und bis nah vor die Kinder brauste er hin und sagte: „Ihr habt mich gerufen, da bin ich nun! Und was soll ich brennen lassen?"

„Lieber, guter Feuermann", sagten die Kinder, „wir haben uns im Wald verirrt, Weg und Steg haben wir verloren und wissen nicht mehr nach Haus. Möchtest du uns nicht heim zu Vater und Mutter leuchten?"

„Das ist eine böse Geschichte!" sagte der Feuermann, „den Weg weiß ich nämlich selber nicht und bin ihn noch nie gegangen! Aber kommt hinauf in den Feuerberg. Da wohnen viele tausend Feuermänner, alte Feuermänner, kluge Feuermänner, und einer ist sicher dabei, der kennt euer Dorf und weiß den Weg!"

So sagte der rote Feuermann. Dann ging er vor den Kindern her durch den tiefen Wald und leuchtete ihnen, bis sie zum Feuerberg kamen.

Durch das offene Tor gingen sie hinein, und nun sahen sie drinnen tausend und tausend junge und alte Feuermänner durcheinanderhupfen, einen noch feuriger als den andern. Und es glänzte und leuchtete, brannte und flammte, knisterte und knackte, als stände der Berg mit allen Wäldern darauf in Brand.

Als aber die Kinder mit dem kleinen Feuermann kamen, da hörten die anderen Feuermänner mit dem Springen auf und funkten und flimmerten alle herbei.

„Ruhig!" rief der kleine Feuermann, „und hört, Brüderchen! Hier die zwei armen Kinder haben sich verirrt im Wald, und einer von uns muß ihnen den Weg zeigen nach Haus!"

„Wie sollen wir den Weg wissen?" riefen die Feuermänner alle durcheinander, „doch wartet ein Weilchen, wir finden ihn schon!"

Und sogleich lief das größte Feuermännchen vor den Feuerberg, steckte zwei Finger in den Mund und pfiff einer schweren Wolke, die gerade schwarz über die Tannen dahinzog:

„Halt, Wolke, halt!
Nieder über den Wald
Laß dich hängen mit deinen Haaren,
Denn fahren wollen wir, fahren!
In Berg und Tälern gewittern!
Blitze funken und splittern!
Dann wie aus Bütten
Den Regen schütten!"

So rief und pfiff der Feuermann zum Himmel hinauf.

Das hörte die Wolke, tief hinab flog sie auf den Feuerberg, und hundert Flammenmänner, tausend Feuermänner klommen hinauf. Im Hui flog dann die Wolke mit ihnen davon über den dunklen Wald, und schauerlich heulte der Wind hinter ihr drein. Da fürchteten sich die Kinder im Feuerberg sehr.

Aber die Großmutter der tausend Feuermänner, die alte Feuermutter, sagte zu ihnen: „Fürchtet euch nicht, liebe Kinder. Die Feuermänner machen ja nur ein Gewitterchen. Dann aber gebt acht! Wenn sie recht donnern und blitzen, dann läuten die Kirchenglocken von eurem Dorf, und wir wissen den Weg."

„Ja", sagten die Kinder leise, sie wollten schon aufmerken. Aber Angst hatten sie doch, wie sie nun im Tor vom Feuerberg standen und in die Welt hinabschauten.

Da flog schon die schwarze Wolke hin, und von allen Enden her kamen neue schwarze Wolken, bis der ganze Himmel düster war.

Und nun fingen die Feuermänner an. Einmal da, einmal dort sprang einer von ihnen aus der Wolke, zisch! auf die Erde in rotem Strahl, über die Berge her, und zisch! wieder in eine andere Wolke.

„Oh, wie es blitzt!" sagten da die Kinder und fürchteten sich immer mehr. Aber schon knallten die Feuermänner mit ihren Köpfen, wenn sie wieder hochfuhren, so sehr an die Wolke, daß es über den ganzen Himmel und alle Wälder hin krachte und donnerte. Und so weit wie die Kinder sehen konnten, funkelte es rot und blau, krachte und hallte es, und es donnerte wider aus den Gebirgen.

In den Häusern drunten aber zündeten die Leute die Wetterkerzen an, bald läuteten auch die Kirchenglocken und läuteten über alle Wälder hin. Sogar die Kinder im Feuerberg hörten von weitem die Glocken.

Aber auch die Feuermänner hörten sie. Und sogleich sprangen ein paar von ihnen aus der Wolke herab und erwischten gerade einen langen klaren Glockenton. Den banden sie an die Tannenzweige und die Buchenäste, und immer weiter, bis tief in den Wald hinein, zogen sie ihn, überall banden sie ihn fest an Bäumen und Sträuchern, an Hekkenpfosten und Wegweisern. Im Feuerberg dann kam das Ende von dem langen Glockenton ein paarmal um ein dickes Ofenrohr.

Ja, und nun wußten sie den Weg. Groß war die Freude im Feuerberg.

Die schwarze Wolke aber schüttelten die Feuermänner über den Wald und die Berge, die Wiesen und Felder, und es regnete wie aus Bütten gegossen. Dann aber nahm der kleine Feuermann die Kinder bei der Hand und ging mit ihnen immer den blitzblanken Glockenton entlang, Berge hinauf, Berge hinab, durch Tannen und Buchen, Wiesen und Äcker, bis in das Dorf hinab.

„Mutter, da sind wir!" riefen die Kinder. Die Mutter freute sich sehr, und sie schenkte dem Feuermann eine Kohle, die war so fett, daß sie glänzte, und so groß, daß der Feuermann sie kaum tragen konnte. Doch fröhlich nahm er sie auf den Buckel und lief damit in den Feuerberg nach Haus, und das Märchen ist aus.

So erzählte der Feuermann. Und die Kinder und die Zwerge und die Tiere sagten: „Das war aber ein feines Märchen, Feuermann!"

„Ja, das war es", sagte der Feuermann. Dann stand er auf, blies seine Pfeife wieder an und sagte:

„Kartoffelfeuer ist ausgebrannt,
Jetzt wird es dunkel im Land!
Nun muß ich weiter und fort,
Muß rennen und laufen von Ort zu Ort,
Denn der kleine Feuermann
Zünd't jetzt alle Lampen an!"

So sagte er. Dann brauste er feuerrot davon über das Feld in den tiefen Wald hinauf.

Die Zwerge aber luden ihre Kartoffelsäcke auf ein Wägelchen, spannten ihre zwei schwarzen Ziegenböcke davor, setzten sich hoch auf die Säcke und sagten zu den Kindern: „Liebe Kinder, jetzt fahren wir ins Zwergenhäuschen, und dort müßt ihr uns bald besuchen. Denn bald kommt der Winter von den Bergen herab, und er trinkt bei uns einen Kaffee im kleinen Häuschen!"

So sagten die Zwerge. Und noch einmal winkten sie, dann fuhren sie auf und davon das Feld hinab.

Die Kinder und Tiere aber gingen wieder durch den Garten ins alte Haus. Da gab ihnen die Großmutter zu essen und zu trinken, und es schmeckte ihnen allen sehr.

Doch als sie mit dem Essen fertig waren, sagte die ururalte Katze Murks: „Miau, Großmutter, jetzt wollen wir noch ein Stündchen spazierengehen. Denn, weißt du, der alte Besen hat uns eingeladen, wir sollen zuschauen, miau, wie er unter der Linde mit unseren Bohnenstangen tanzt."

„Können das denn die Bohnenstangen?" fragte die Gretel.

„O ja", sagte die Großmutter, „das können sie. Denn wißt ihr, die Bohnenstangen vom alten Haus sind richtig verzaubert!"

„Wer hat sie denn verzaubert, Großmutter?" fragte der Peter.

Aber die Großmutter stand auf, band ihre blaue Schürze um und sagte: „Kinder, jetzt muß ich das Geschirr spülen, drum hab' ich keine Zeit zum Erzählen. Aber ihr könnt ja die Bohnenstangen selbst fragen!"

„Ja, das wollen wir tun!" riefen die Kinder und die Tiere. Dann liefen sie in den Hof und über den Hof zu der Scheune.

Gerad' aber wollten sie in die Tür hinein, da kam schon der alte Besen heraus, und er hatte sich

die rote Schleife um den Hals gebunden. Hinter dem Besen aber kamen in langer Reihe zu zweien und dreien die Bohnenstangen. Gelbe trockene Bohnenranken hatten sie sich umgehängt. Die rischelten und raschelten im Abendwind. So hupften sie über den ganzen Hof, dann zum Tor hinaus unter die dicke Linde.

Und es rauschte die alte Linde mit ihren trockenen Blättern vor Freude, als sie die Bohnenstangen sah und weil die Bohnenstangen gar so schön unter ihr herwandelten. Und ihre größten braunen Blätter schüttete sie ihnen in die Bohnenranken.

„Danke, liebe Linde!" sagten die Bohnenstangen. Und dann fingen sie an, um die Linde zu tanzen. Dabei sangen sie aber dieses Liedchen:

„Linde du vorm alten Haus,
Linde, nun ist Sommer aus,
Schon gepflückt die Bohnen all,
Stangen liegen kahl im Stall.

Bienen sind nun fortgezogen,
Deine Blätter bald verflogen,
Und wir singen dich in Traum,
Lieber, alter Lindenbaum.

Träum von Blüt und grünen Blättern.
Wenn du kahl im Winde wehst,
Und sowie die Bohnen klettern,
Du in neuen Blüten stehst!"

So sangen die Bohnenstangen und raschelten dazu gar lieblich mit dem Bohnenstroh. Und von den roten Feuerbohnen sangen sie, von den fetten Speckbohnen und von dem Bohnenfaß der Großmutter drunten beim Kellermännchen.

Und sogar von der ururalten Katze Murks sangen sie, wie sie des Nachts im Mondschein so gern zwischen den Bohnenstangen auf dem Feld umherschleicht. Und dabei tanzten sie um die alte Linde, die langen Bohnenstangen und der Besen. So lustig aber wackelten und stelzten sie daher, daß die Kinder und sogar die Tiere zu lachen anfingen und schließlich gar nicht mehr aufhörten mit dem Lachen.

„Hihi! Haha!" lachten die Kinder, „Kikerikikikiki!" der uralte Hahn, „Hauhauhau!" der alte Hund und „Miauauauau!" die ururalte Katze Murks.

Als das die Bohnenstangen hörten, hüpften sie auf einmal mitten heraus aus dem Tanz und mit ihren scharfen Spitzen auf die Kinder und die Tiere zu. Die fürchteten sich sehr.

Nur die ururalte Katze Murks war nicht bange. Hoch auf die Linde kletterte sie und lachte weiter. Die Bohnenstangen drunten aber riefen: „Hört, warum lacht ihr so?"

„Oh", riefen die Kinder, „wir haben vor lauter Freude gelacht, nämlich weil ihr gar so schön tanzen könnt!"

„Ach so", riefen die Bohnenstangen, „dann ist es gut. Wir dachten schon, ihr hättet uns ausgelacht. Aber weil wir nun müde sind vom Tanzen, drum setzt euch auf die Bank da unter der Linde, und wir wollen euch erzählen, was wir für herrliche Bohnenstangen sind!"

Da setzten sich die Kinder und die Tiere auf die Bank. Nur die ururalte Katze Murks blieb im Lindenbaum sitzen. Die Bohnenstangen aber lehnten sich an die dicke Linde, und die größte von ihnen fing an und sagte: „Ich will euch also, weil ihr uns nicht ausgelacht habt, erzählen

Das Märchen von den fünfundzwanzig Bohnenstangen

Da waren einmal im grünen Wald fünfundzwanzig schöne Tannenbäumchen. Denen gefiel es eines Tages nicht mehr droben im stillen Wald. Und sie sagten untereinander: „Wißt ihr, wir wollen in die weite Welt gehen! Der Wald ist uns zu grün, der Wald ist uns zu still, der Wald ist uns zu tief."

Und noch in der gleichen Nacht zogen die fünfundzwanzig Tannenbäumchen leise, damit es die Waldfrau nicht hörte, ihre Wurzeln aus der Erde und spazierten hinaus in die weite Welt. Was waren das dumme Bäumchen!

Aber sie waren auch noch so jung und meinten wirklich, in der weiten Welt wär' es schöner als im dunklen grünen, tiefen Wald.

Als sie aber so durch die weite Welt spazierten, da bekamen sie Hunger und Durst. Darum gingen sie in ein Dorf ins Gasthaus und bestellten sich etwas zu essen. Aber was brachte ihnen der Wirt? Eine gelbe Erbsensuppe!

„Ach nein", sagten die fünfundzwanzig Tannenbäumchen, „gibt's denn hier keinen klaren Himmelstau?"

„Nein" rief der Wirt, „so was kriegt ihr in der ganzen weiten Welt nicht!"

Da ließen die armen Tannenbäumchen die Suppe stehen und wanderten weiter.

Aber nicht lange, da kamen sie an ein Haus, daraus roch es gar köstlich nach Tannenharz, und die fünfundzwanzig tanzten vor Freude. Dann klopften sie an die Haustür.

Als nun der Mann aus dem Häuschen kam, da fragten sie ihn:

„Nacht wird bald, die Nacht wird schwarz:
Mann im Häuschen Tannenharz,
Können ein wir kehren?
Gern wir deine Kinder lehren
Alle Märchen aus dem Wald,
Und im Winter, wenn es kalt,
Fleißig wir den Ofen schüren,
Daß die Kleinen nicht erfrieren!"

„Nur zu", sagte der Mann, „nur hereinspaziert! Nur hereinspaziert! Denn gerade zum Ofenschüren kann ich euch fünfundzwanzig gut gebrauchen!"

Und er riß weit die Tür auf. Da schauten die Tännchen in das Haus hinein, ja, und da war das Haus eine Sägemühle. Und die armen Tannen sahen, wie in der Sägemühle die allerschönsten Bäume zersägt wurden. Da liefen sie davon, so geschwind sie konnten, alle fünfundzwanzig Tännchen.

Die ganze lange Nacht liefen sie, und am Morgen waren sie so hungrig und durstig, daß sie beinahe nicht mehr weiter konnten. Und sie setzten sich an die Straße und weinten gelbes Harz, daß sie nicht mehr im Wald waren.

Als sie aber so hockten, da kam ein Schutzmann des Weges. Der sagte: „Hier darf man nicht stehenbleiben!"

Und er jagte sie fort. Und die Tannen sprangen geschwind über einen Gartenzaun. Sogleich lief der Gärtner mit der langen Heckenschere herbei, und er sah die Tännchen an und sagte: „Ihr kommt mir gerade recht! Aus euch mache ich mir die schönste Tannenhecke!"

Damit packte er den Spaten und ließ die Schere klappern. Oh, wie blinkte und blitzte die böse! Kein Wort sagten die Tannen, sprangen wieder auf die Straße und liefen und liefen den ganzen Tag.

In der Nacht aber fing es zu schneien an. Da war der Winter gekommen, und die armen Tännchen dachten an ihren schönen Wald droben und sagten: „Nein, jetzt wollen wir wieder in den tiefen dunklen Wald zurück. Dort gehen die Zwerge zwischen den Tannen her, und die Frau Holle bestreut den grünen Wald mit weißem Schnee." So sagten sie. Dann kehrten sie wieder um.

Aber nun konnten sie den Wald nicht mehr finden. Denn Weg und Steg und Berg und Tal, alles war tief verschneit. Und traurig setzten sie sich an den Straßenrand und weinten wieder gelbes Harz.

Da aber kam gerade der Knecht Ruprecht des Weges. Der war in der Stadt gewesen und hatte des Abends durch alle Fenster in die Stuben geguckt, ob die Kinder auch folgsam und fleißig wären.

Nun sah er die Tannenbäumchen und sagte zu ihnen: „Ja, was macht denn ihr hier so spät in der Nacht allein auf der Straße?"

„O guter Knecht Ruprecht", sagten die Tännchen, „wir sind fortgelaufen aus dem grünen Wald droben und in die weite Welt gegangen. Aber nun ist die weite Welt so kalt und böse, darum wollen wir wieder in unseren Wald. Aber jetzt finden wir den Weg nicht mehr."

„Ja", sagte der Knecht Ruprecht, „das geschieht euch gerade recht! Warum seid ihr nicht in dem grünen Wald geblieben? Aber wißt, der Wald ist weit, und dahin kommt ihr nun und nimmermehr zurück. Darum will ich euch mitnehmen!"

So sprach er und steckte alle fünfundzwanzig Tännchen in seinen großen Sack, packte den Sack auf seine Schulter und ging wieder hinauf in den Himmel.

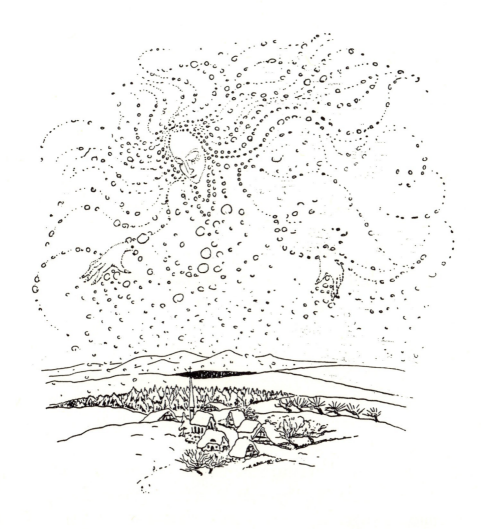

Dort klopften ihm die Engel den Schnee vom Mantel, zogen ihm die Stiefel aus und holten ihm aus der Ofenecke seine schönen dicken warmen Pantoffeln. Damit ging der Knecht Ruprecht zum Christkind, schüttelte die fünfundzwanzig Tannenbäumchen aus dem Sack auf den goldenen

Himmelsboden und sagte: „Hier, liebes Christkind, hab' ich dir ein paar Weihnachtsbäume mitgebracht. Weißt du, die waren fortgelaufen aus dem Wald und hatten sich verirrt in der weiten Welt."

Da freute sich das Christkind sehr. Und als es Weihnacht war, da nahm es die Tännchen alle fünfundzwanzig mit, hängte bunte Kugeln daran und rotgelbe Äpfel, Zuckersternchen und silberne Nüsse und steckte viele Kerzchen darauf. Da waren die fünfundzwanzig Tännchen Weihnachtsbäume geworden, und das Christkind brachte sie den Kindern auf der Erde. Da freuten sich die Kinder, da freuten sich die Bäumchen.

Als aber Weihnacht vorüber war und die Kerzen ausgebrannt, wurden die bunten Kugeln wieder fortgenommen aus den Bäumchen. Bald fielen auch die grünen Nadeln von den Zweigen ab. Und die Tannenbäumchen? Die haben die Leute einfach in den Keller geworfen, und keiner dachte mehr an sie.

Nur die Großmutter vom alten Haus, die tat eines Tages ihre wunderbare Zauberbrille auf die Nase und sah nun, wie die armen Bäumchen in den dunklen Kellern lagen und sehr traurig waren. Sogleich ging sie also zu den Leuten und kaufte ihnen alle Tannenbäumchen ab.

Da freuten sich die Tännchen, daß sie wieder zusammen waren. Und die Großmutter schnitt ihnen die trockenen Zweige ab, und da waren die fünfundzwanzig Tannenbäumchen fünfundzwanzig lange Bohnenstangen geworden. Und diese herrlichen Tannenbohnenstangen, Kinder, das sind wir, die Bohnenstangen vom alten Haus, und nun ist unser Märchen aus.

So erzählte die Bohnenstange. Und die Kinder und die Tiere riefen: „Das war aber eine schöne Geschichte!"

„Ja, das war es auch!" sagte die Bohnenstange, „und nun dürft ihr auch nicht mehr über uns lachen!"

„Nein", sagten die Kinder, „ihr seid ja auch verzauberte Bohnenstangen, weil ihr richtig sprechen könnt und weil es uns die Großmutter gesagt hat. Aber wer hat euch denn eigentlich verzaubert?"

„Ja", sagte die große Bohnenstange, „jetzt ist der Abend so schön, um die Linde fliegen die Fledermäuse, drum will ich euch auch das noch erzählen. Hört gut zu. Das ist

Das Märchen vom Riesen Troll

☀ Es war einmal ein Riese, der hieß Troll. Überall in der Welt lief er umher, und überall steckte er seine Riesennase hinein. Wo es aber am schönsten wäre, da wollte er bleiben, da wollte er wohnen. Und was denkt ihr wohl?

Am schönsten auf der ganzen Welt war es im Wald beim alten Haus. Dort hat nun der Riese Troll gewohnt, unter den Bäumen gar nicht weit vom alten Haus.

Eines Morgens nun kam er zum alten Haus und klopfte an das Fenster. Denn er war ja so mächtig groß und konnte nicht durch die Tür.

Die Großmutter machte die Tür auf, und da stand der Riese Troll. Er war größer als das ganze Haus. Und er sagte: „Höre, Großmutter, ich bin der Riese Troll, und ich wohne jetzt hier im Wald beim alten Haus. Du mußt mir nun jeden Tag einen Kuchen backen, so groß, daß er gerade auf einen Wagen paßt und daß zwei Pferde ihn ziehen müssen. Tust du das aber nicht, dann zertrampele ich dir den Garten von vorn bis hinten und von oben bis unten!"

So brüllte der Riese Troll. Dann stampfte er wieder in den Wald zurück.

Die arme Großmutter aber nahm all ihr Geld, das sie hatte, kaufte fünf Säcke Mehl und einen Sack Zucker, ein Tönnchen Schmalz, eine Kiste

Rosinen und hundert Eier. Davon rührte sie einen Kuchen. Der paßte gerade auf einen Wagen.

Zuerst aber stellte sie den Kuchen in den Garten, daß er kalt würde. Dann lief sie geschwind den Berg hinauf zu der Hexe Tannenmütterchen und sagte: „Denk dir, Hexe Tannenmütterchen, jetzt muß ich diesem furchtbaren Riesen jeden Tag einen Kuchen backen, so groß, daß er gerade auf einen Wagen geht. Woher soll ich nur das Geld kriegen für Mehl und Zucker, Rosinen und Butter?"

„Warte nur, Großmutter", sagte die Hexe, „mit dem Troll werden wir schon fertig!" Und sie kam sogleich mit ins alte Haus.

Dort kochte die Großmutter Kaffee, und die beiden Frauen setzten sich ans Fenster, ließen sich ihn schmecken und warteten auf den Riesen.

Richtig, kaum ging die Sonne unter, da sahen sie ihn von weitem kommen. Sogleich lehnte sich die Hexe Tannenmütterchen zum Fenster hinaus, und sie sah eine große Kartoffelhacke im Garten. Da sagte sie zu der Hacke diesen Spruch:

„Scharfe Hacke, spitzes Ding,
Hüpf, du Hacke, hack und spring
An den bösen Riesen ran,
Hokuspokus Hackenzahn!"

So sagte die Hexe Tannenmütterchen, so zauberte sie. Und sogleich sprang die Hacke auf, lief durch den Garten den Berg hinan, wo der Riese Troll kam.

Als aber der Riese die Hacke sah, da streckte er seine Hand aus, packte sie in die Faust und sagte: „Oho, da schickt mir die Großmutter ja gleich eine Gabel, den Kuchen zu essen!" Und er streckte die Hacke in die Tasche und meinte wirklich, eine Gartenhacke wäre eine Kuchengabel.

Das alles sah die Hexe Tannenmütterchen vom weitem, und schnell nahm sie einen großen spitzen Feuerhaken vom Herd und sagte:

„Feuerhaken, schwarz und spitz,
Spring, du Haken, spring und blitz
An den bösen Riesen ran,
Hokuspokus Hakenzahn!"

So sagte die Hexe Tannenmütterchen, so zauberte sie. Und sogleich sprang der Feuerhaken durch das Fenster hinaus, lief durch den Garten in das Tal, wo gerade der Riese kam.

Als er den Feuerhaken sah, packte er ihn und sagte: „Nun schickt mir die Großmutter auch noch einen Zahnstocher!" Und er steckte die schwere Ofengabel in die Tasche und meinte wirklich, ein Feuerhaken wäre ein Zahnstocher.

Das aber sah die Hexe wieder von weitem, und geschwind schaute sie zu einem anderen Fenster hinaus. Da standen, an die Scheune gelehnt, die fünfundzwanzig Bohnenstangen, und die Hexe sagte zu den Bohnenstangen:

„Bohnenstangen, o ihr langen,
Lauft und springet, Bohnenstangen
In den dicken Riesensitz,
Hokuspokus Lanzenspitz!"

So sagte die Hexe Tannenmütterchen, so zauberte sie. Und augenblicks sprangen all die fünfundzwanzig Bohnenstangen auf und liefen in den Garten. Denn schon kam der Riese durch das Heckentörchen.

Als er aber die vielen Bohnenstangen sah, da schrie er: „Jetzt hat die Großmutter gleich einen Haufen Nachtwächter geschickt mit spitzen Lanzen! Nun heißt es aber laufen!" Und mit langen Beinen lief er davon, der Riese Troll, lief fort aus dem Wald, fort aus der Welt, mitten in den Mond. Denn der ging gerade auf hinter dem Berge.

Da freute sich die Großmutter, da schenkte sie der Hexe Tannenmütterchen die Hälfte von dem großen Riesenkuchen.

„Schönen Dank, Großmutter", sagte die Hexe, buckelte ihren Kuchen auf und ging wieder in den Wald ins Hexenhaus, und nun ist das Märchen aus.

So erzählte die Bohnenstange. Und die Kinder sagten: „Das war aber eine wunderbare Geschichte! Sicher könnt ihr noch mehr so schöne Märchen erzählen, liebe, gute Bohnenstangen?"

„O ja, das können wir schon", sagten die Bohnenstangen, „aber dunkel wird es jetzt, und ihr müßt heim, Kinder, ins alte Haus! Wir aber wollen noch tanzen die ganze Nacht!"

Da sagten die Kinder den Bohnenstangen gute Nacht, gingen mit den Tieren ins alte Haus, und die Großmutter schickte sie zu Bett.

Bald schliefen sie und träumten von den fünfundzwanzig Tannenbäumchen und dem Knecht Ruprecht und den Bohnenstangen.

Als aber die Kinder am anderen Morgen wach wurden, da saß schon die uralte Katze Murks bei der Gretel am Bett und sang:

„Miau, mioh, miau,
Gretel, wie ist der Himmel grau!"

Und der uralte Hahn Krahks stand auf der Fensterbank und rief:

„Schnee, Kikeriki!
Flocken, schon kommen sie!"

Bautz, der alte Hund, aber legte die Pfoten auf das Fensterbrett, schüttelte die Ohren und brummte:

„Grau und kalt
Garten und Wald!"

Aber auch die Kinder waren schon aus ihren Bettchen gesprungen und an das Fenster gelaufen. Sieh, da war der Himmel grau, Eis in den Regenpfützen am Gartenweg, und nur ein paar dünne Flöckchen wehten vom Himmel.

Lange schauten die Kinder hinaus, und dann sang die Gretel leise das alte Liedchen: „Oh, wie ist es kalt geworden!"

„Aber hat denn noch keiner den Winter gesehen?" fragte der Peter, „der wollte doch zum Zwergenhäuschen kommen in den Garten vom alten Haus?"

„Miau, das ist wahr!" sagte die ururalte Katze Murks, „und gleich laufen wir hin!"

Da freuten sich die Kinder sehr, zogen sich schnell an, und die guten Tiere halfen ihnen dabei. Die ururalte Katze Murks wusch die Kinder sogar noch. Dann kam die Großmutter, nahm sie mit in die Küche, gab ihnen Butterbrote und Milch, und den Tieren auch.

Als sie aber die Milch getrunken und ihre großen Honigbrote gegessen hatten, da liefen sie gleich hinaus auf den Wegen über das Eis, das krachte unter ihren Schuhen, weiter, durch die kahlen Büsche, an der Nußhecke vorüber, bis sie endlich zu dem Zwergenhaus kamen, das lag hinter alten Holundern. Und nie waren die Kinder dort gewesen. Bautz, der alte Hund, aber klopfte mit der grauen Pfote an die Tür und sagte:

„Hört, ihr Zwerge, auf die Tür!
Vom alten Haus die Kinder sind hier!"

Da schlossen die Zwerge ihre Tür auf, steckten die Köpfe heraus und sagten:

„Kommt, spaziert nur herein,
Tiere und Kinderlein!"

Und wie sie in das Häuschen kamen, wer saß da auf der Bank am Ofen? Ein alter, uralter Mann in schneeweißem Pelzmantel. Dicke weiße Pelzhandschuhe hatte er an den Händen und auf dem Kopf eine hohe silbergraue Pelzmütze. Lange blaue Eiszapfen glänzten in seinem weißen Bart. Und gleich wußten die Kinder, das war der Winter. Im kleinen Zwergenhäuschen saß er, und blanke Eisstücke brockte er sich in seine Kaffeetasse.

Die Kinder aber machten nur große Augen. Da gab ihnen der Winter die Hand und sagte mit tiefer Stimme, und sein Atem rauchte dabei: „Guten Tag, Kinder vom alten Haus!"

„Guten Tag, Herr Winter!" sagten die Kinder, „du bist wohl sehr müde vom weiten Weg?"

„Ja", sagte der Winter, „das bin ich! Hab' ja noch nicht ausgeschlafen! Oh, sie haben mich früh geweckt in diesem Jahr!"

„Miau, wer hat dich denn geweckt, Herr Winter?" fragte die ururalte Katze Murks.

„Das weißt du nicht?" wunderte sich der Winter, „und du bist doch so eine kluge ururalte Katze Murks! Aber wartet, ich will es euch erzählen!"

Damit stopfte er sich noch ein paar Eiszapfen in den Mund und sagte: „Wißt ihr noch, Kinder vom alten Haus, wie ihr im letzten Jahr den prächtigen Schneemann gebaut habt?"

„O ja", sagte der Peter, „das wissen wir noch gut! Aber wo er hingekommen ist, unser feiner Schneemann, das wissen wir nicht. Denn eines Morgens schien die Sonne hell in die Fenster vom alten Haus, unser schöner dicker Schneemann draußen aber, der war fort!"

Der Winter lachte und sagte: „Nun, dann will ich euch gleich die Geschichte von eurem schönen dicken Schneemann erzählen. Die geht so:

Der Winter und die Schneemänner

Da hatten die Kinder eines Wintertags vor der Tür unter der Linde einen Schneemann gebaut. So groß war der wie ein richtiger Mann. Eine rote Rübe war seine Nase, schwarze Kohlen seine Augen, und eine dicke Kartoffel sein Mund. In der Hand hatte er einen Besenstiel und auf dem Kopf einen alten Zylinderhut.

Viele Tage und viele Nächte stand er so vor dem alten Haus, den Besenstiel im Arm, und paßte auf, daß keine bösen Zauberer und Wölfe kämen. Und alle Nächte schienen die klaren Wintersterne und der Mond auf den Schneemann.

Und Weihnachten war vorüber, Dreikönig und Lichtmeß schon, da tappte es in einer Nacht, kein Mond schien heute, und der Himmel war grau von Wolken, da tappte es durch den Schnee zum alten Haus heran. Das hörte der Schneemann und rief:

„Wer trappelt da im Schnee heran?
Sind es die Wölfe aus dem Tann?"

„Nein", sagte es, „die grauen Wölfe hocken all in ihren Höhlen, und ich bin nur die gute Hexe Tannenmütterchen!"

Und das Tannenmütterchen ging nah heran zu dem Schneemann und sagte zu ihm: „Lieber guter Schneemann, höre, was ich dir erzählen will!"

"Ich höre schon, Tannenmütterchen", sagte der Schneemann.

Und da sagte ihm die Hexe ins Ohr: "Denk dir nur, Schneemann, da ist doch heut nacht ein Schneeglöckchen zu mir gekommen, das läutete und läutete vor meiner Tür. Und als ich hinauskam, da sagte es: ,Tannenmütterchen, wie bin ich froh! Denn in dieser Nacht kommt der warme Föhnwind von den Bergen, und hinter ihm her, ach Tannenmütterchen, kommt gleich der liebe Frühling!'

So sagte das Schneeglöckchen und läutete immerfort vor Freude. Du aber, schöner, dicker Schneemann, wenn der Föhn kommt, dann mußt du schmelzen, dann bist du fort!"

Kaum hatte das die Hexe gesagt, da brauste es schon droben in den Bergen, es rauschte in den kahlen Bäumen, und der Föhn kam ins Land.

Eine Weile hörte sich der Schneemann das Rumoren an, dann sagte er: "Ich danke dir auch schön, Hexe Tannenmütterchen!"

Denn er merkte, daß ihm das Wasser schon anfing von der Nase zu tropfen. Geschwind nahm er seinen Besenstiel und trottete davon, den Berg hinauf, daß der warme Wind ihn nicht schmelzen könnte. Fort und fort ging er, die ganze Nacht. Und der Föhn hat ihn nicht mehr erwischt.

Und es wurde Frühling, und Ostern kam und der Sommer. Aber der Schneemann sah nichts davon. Denn er war schon zu dem grauen Eismeer gekommen.

Dort am Meer aber standen noch hundert und hundert andere Schneemänner, große und kleine, aus Stadt und Land. Denn auch die waren vor dem Föhn und dem Frühling davongelaufen. Und der Schneemann vom alten Haus fragte sie gleich: „Wo geht ihr denn hin, meine weißen Brüderchen?"

„Du fragst aber dumm", sagten die anderen Schneemänner, „wir gehen in das Schneeland, wo der Winter wohnt in seiner Burg von blankem Eis!"

„Schön, dann gehe ich mit euch", sagte der Schneemann vom alten Haus. Und sie warteten, bis eine große Eisscholle kam, dann kletterten sie alle darauf und fuhren über das Eismeer, immer weiter, immer länger, viele Tage und Wochen lang, bis sie endlich in das dunkle Land kamen, wo der Winter wohnt.

Dort stiegen die Schneemänner an Land, und die Scholle schwamm weiter über das Meer. Die Schneemänner aber tappten die Winterberge empor, immer höher, daß ihr Atem nur so rauchte, durch tiefen Schnee und über blankes Eis.

Auf einmal sahen sie im farbigen Nordlicht einen mächtigen Eisberg. Das war die Winterburg. Und rund um den Berg hockten viele hundert Eisbären. Die stellten sich auf die Hinterbeine, rissen die Mäuler auf und fragten die Schneemänner: „Wohin, ihr weißen Kerle?"

„Wir wollen zum Vater Winter", sagten die Schneemänner.

„Oho", brummten die Eisbären, „was denkt ihr euch? Der Winter schläft, und keiner darf ihn stören!"

Die Schneemänner schüttelten ihre Köpfe und sagten: „Was seid ihr für dumme Eisbären! Denn wißt ihr nicht? Längst sind jetzt in der Welt drunten die Nüsse reif und die Äpfel gepflückt. Die Bauern machen sogar ihre Kartoffeln schon aus!"

Als das die Eisbären hörten, da brummten sie eine Weile miteinander, und schließlich sagte der größte von ihnen: „Ja, dann ist es wohl Zeit, daß der Winter aufsteht! Er muß ja jetzt auf den Weg in die Welt hinaus, muß über Wälder und Felder seinen Schnee schütten und Eis über die Seen hauchen."

Und sie ließen die Schneemänner in die Eisburg. Gleich trampelten sie alle die Eistreppen empor und gingen zum Winter. Der lag in seinem Bett und schlief.

Mit Schneekissen war er zugedeckt. Und sein Atem rauchte. Und aus dem Rauch wirbelten die Schneeflocken über das Bett in die Stube hinab. Alle Fensterscheiben waren voll herrlicher Eisblumen, und große Eiszapfen hingen silbrig von der Decke.

Das gefiel den Schneemännern sehr, und sie stellten sich um das Bett des Winters herum und sangen mit rauhen, eingefrorenen Stimmen dieses Lied:

„O Winter, hör und wache auf,
Zu Ende geht der Sonne Lauf.
Es färbt schon längst der Herbst den Wald,
Im Tale hängt der Nebel kalt.

Und was da wuchs, ist eingebracht,
Und lang und länger wird die Nacht.
Der Dachs grub sich zum Schlafe ein,
All Morgen reift's an Weg und Rain.

Im Feld die neue Saat schon wächst
Und wartet, daß du zu sie deckst:
Drum, Winter, komm und laß es schnein,
In Welt und Wäldern Weihnacht sein!"

So sangen sie gar wunderbar, die Schneemänner, und immer mehr und mehr von ihnen drängten sich die Treppe hinauf und brummten mit, immer gewaltiger, bis endlich der Winter erwachte und die grünen Eisaugen aufriß.

Da sah er die vielen Schneemänner vor seinem Bett und knurrte: „Wo kommt ihr denn her, ihr, meine guten Schneemänner? Gerad' noch hatte ich von euch geträumt!"

„Herr Winter", sagte der Schneemann vom alten Haus, „wir sind vor dem Föhn und dem Frühling davon gelaufen. Und als es drunten längst

Sommer war, fuhren wir über das Eismeer zu dir. Denn wir wollen dich wecken, daß du wieder weißen Schnee bringst und blankes Eis."

"Oh", sagte der Winter und gähnte, daß die weißen Flocken ihm aus Nase und Mund stoben, "es ist schon Zeit? Aber ich habe ja auch eben geträumt, die braven Nußknacker rappelten mit ihren reifen Nüssen und die Winde spielten mit den gelben Blättern".

„Ja, das ist wahr", sagten die Schneemänner, „und bald hättest du dich verschlafen!"

Der Winter aber kroch aus seinem Bett, ging an seinen Tisch aus blankem Eis und schrieb dem heiligen Nikolaus einen Brief:

„Nun ist es Zeit, Sankt Nikolaus,
Der Winter geht aus seinem Haus!
Nun läßt er schnein in Wald und Garten,
Auf Weihnacht alle Kinder warten!"

So schrieb er. Dann klebte er auf den Brief eine Marke mit einem weißen verschneiten Tännchen drauf und gab ihn dem Schneemann vom alten Haus, der sollte ihn in den Postkasten stecken.

Nun zog er den weißen Pelz an und ging mit allen seinen Schneemännern aus der Winterburg, fuhr mit ihnen über das Eismeer, und bald wanderte er drunten schon durch die Wälder und über die Felder. So kam er auch ans alte Haus, mitten in der Nacht. Und gleich ging er zu den Zwergen. Da sitzt er nun im Zwergenhaus, und das Märchen ist aus.

So erzählte der Winter. Und die Kinder sagten: „Das war eine schöne Geschichte, Herr Winter! Aber wo ist denn nun unser Schneemann geblieben?"

„Euer Schneemann?" rief der Winter, „ja, ihr seid doch noch ein bißchen dumm! Die Schneemänner können doch erst kommen, wenn es schneit!"

Und der Winter zeigte auf das Fenster vom Zwergenhäuschen. Von dem kalten Himmel herab schien auf einmal hell die Sonne hinein. Und alle Wolken waren fort. Da nickten die Zwerge im Häuschen mit ihren langen Bärten.

Und der erste sagte: „Die Wolken sind nicht da! Brüder, was nun?"

Und der zweite sagte: „Da müssen wir Zwerge was tun!"

Und der dritte sagte: „Wir wollen uns mächtig besinnen!"

Und der vierte sagte: „– was wir in diesem Falle beginnen!"

Und der fünfte sagte: „Fangen wir an! Wer gibt das Zeichen?"

„Ich!" sagte der erste, „wir wollen uns alle die Bärte streichen!"

Da strichen sich die Zwerge leis die Bärte, zogen die Stirnen in Falten und bedachten sich eine ganze Weile. Schließlich sagte der erste: „Nun hab' ich's gefunden. Da bin ich froh!"

Und der zweite sagte: „Mit den Wolken, das macht man so –!"

Und der dritte zog seine Pfeife aus der Tasche: „Wir rauchen die Wolken, wir rauchen!"

Und schon waren sie aufgestanden und liefen, ihre Pfeifen in den Händen, einer hinter dem andern zur Tür hinaus, durch den Garten zum Berge.

„Da sind sie fort!" sagte der Winter.

„Ja, und wir?" fragte der Peter.

„Miau", rief die ururalte Katze Murks, „wißt ihr nicht mehr, was uns die Hexe Tannenmütterchen gesagt hat? Ihren ganzen Holzschuppen hat sie voll Schnee, und wir dürfen zuschauen, wie sie ihre Betten über die Welt schüttelt!"

Da freuten sich die Kinder, und der Winter freute sich auch, und mit den Tieren gingen sie aus dem Zwergenhäuschen, erst der alte Hund, dann Krahks, der uralte Hahn, hinter ihm die ururalte Katze Murks und nun die Kinder und der Winter.

Als aber der Winter durch die Türe war, da knallte sie hinter ihm zu, und die Kinder hörten, wie sich das Zwergenhäuschen von selber abschloß. Dann gingen sie durch die Nußhecke in den Wald hinauf, und als sie droben ankamen und sich umschauten, was sahen sie da?

Rundum auf den Bergen, auf den höchsten Spitzen, saßen die Zwerge und rauchten, daß es nur so in den Himmel qualmte. Und immer mehr Zwerge kamen aus den Wäldern, daher, dorther. Denn von weitem hatten sie den Rauch gesehen, und bald saß auf jeder Bergspitze ein Zwerg, und dunkle Wolken rauchten aus den vielen Pfeifen hinauf. Immer grauer wurde die Luft.

Und als die Kinder mit den Tieren und dem Winter bei dem Häuschen von der Hexe Tannenmütterchen ankamen, da war der Himmel von einem Ende bis zum andern, über alle Berge und Wälder hin, voll grauer Wolken.

Und der Winter klopfte an die Tür vom Hexenhaus und rief:

„Holle, Holle, laß uns ein!
Schüttle deine Betten fein!
Holle, Holle, trallala,
Winter, der ist da!"

Sogleich macht die Hexe Tannenmütterchen auf, und der Winter und die Tiere und die Kinder vom alten Haus gingen ins Hexenhäuschen. „Nun, bist du endlich gekommen?" sagte die Hexe zu dem

Winter, „und hast du denn auch den Wind mitgebracht?"

„Den Wind?" sagte der Winter, und er war ganz erschrocken, denn daran hatte er nicht gedacht. Und es war so still im Wald, nicht ein Ästchen bewegte sich; und die Zwerge rauchten und rauchten, steil stiegen die Wolken auf, und wenn sie droben am Himmel hingen, rührten sie sich nicht.

„Hexe Tannenmütterchen", sagte da die Gretel, „der Zwerg im Kohlenkasten hatte sich verschlafen, der Winter hatte sich verschlafen, und nun gewiß auch der Wind noch!"

„Das wollen wir schon sehen", sagte die Hexe Tannenmütterchen, „der Wind macht, was er will, aber ich hole ihn schon! Ich erzähl' euch ein Märchen von ihm, dann kommt er gewiß, der neugierige Gesell'!"

Immer dunkler aber wurde die Luft, und als die Hexe ihre Nase zum Fenster hinaussteckte, da sagte sie: „Ich spür' es, der Wind ist nicht weit! Gewiß bürstet er sich schon die Flügel!"

Und rasch ging sie mit dem Winter hinaus hinter das Häuschen, und der Winter mußte einen Schneesack nach dem andern die Treppe hinaufschleppen in die Schlafkammer der guten Hexe. Und nun holte sie einen Pack Kerzchen aus dem Küchenschrank, zündete sie an und sagte zu dem uralten Hahn: „Krahks, uralter Hahn, jetzt steckst du ein Kerzchen hoch auf die Tanne vor meinem Haus, und du, ururalte Katze Murks, kletterst auch in die Tanne und steckst die anderen Lichter auf! Dann merken wir schon, wenn der Wind kommt!"

Und sogleich flog der Hahn und lief die Katze, und sie steckten die Lichter draußen auf die grüne Tanne vor dem Hexenhaus, und hell leuchtete der Baum in das Wolkendüster und in den Wald hinaus.

Dann aber sagte die Hexe: „So, liebe Kinder, so, liebe Tiere, und du, weißer Winter, nun erzähle ich euch das Märchen

Von den Christkindbriefen und dem Wind

Es waren einmal zwei Kinder, Brüderchen und Schwesterchen, die schrieben dem Christkind einen Brief, sie möchten Weihnachten so gern ein Schaukelpferd haben und für das Mädchen eine Puppe mit roten Haaren. Diesen Brief legten sie des Abends draußen auf die Fensterbank. Und wirklich, am Morgen war er fort.

„Gewiß hat ihn das Christkind geholt", meinten die Kinder. Und sie freuten sich sehr.

Aber Weihnachten kam, und kein Schaukelpferd stand unter dem Baum, und keine Puppe mit roten Haaren war da, nicht einmal eine mit schwarzen Haaren hatte das Christkind gebracht.

„Warte", sagte der Junge zu seinem Schwesterchen, „wenn wieder Weihnachten ist, dann bringen wir selber dem Christkind unseren Brief!"

Und es kam Ostern, es kam Pfingsten, und es kam der Herbst mit seinen Äpfeln und Nüssen, den welken Blättern und den Kartoffelfeuern. Und eines Tages schneite es in dicken Flocken.

„So, nun ist es Zeit", sagte das Brüderchen zu dem Schwesterchen, „nun schreiben wir den Brief und bringen ihn dem Christkind oder dem Sankt Nikolaus, daß er ihn im Himmel abgibt!"

Und sie schrieben ihren Brief, dann zogen sie Mütze und Mäntelchen an und gingen durch den Schnee in den Wald hinauf. Immer noch fielen die

Flocken groß und dicht um sie her, die Wege waren verschneit, und bald wußten die Kinder nicht mehr, wo sie waren.

Und es wurde dunkel im Wald, der Wind fegte durch die Bäume. Da fing das Schwesterchen zu weinen an: „Brüderchen, hörst du noch immer nichts?"

„Nein", sagte das Brüderchen, „ich höre nur den Wind in den Tannen sausen!"

Denn die Kinder hatten gedacht, sie würden dem Christkind begegnen mit seinem Schlitten, wie es mit silbernen Glöckchen durch den Wald fährt und nach den Weihnachtsbäumen schaut.

„Sicher war ihm heute das Wetter zu schlecht", sagte der Junge.

„Dann wollen wir nach Hause gehen", weinte das Schwesterchen.

„Ja", sagte das Brüderchen, „aber wo ist zu Hause?"

Denn nur Düster war um sie her, und der Schnee flockte ihnen ins Gesicht, aber sie sahen die Flocken nicht mehr. Da blieben die Kinder stehen, und das Brüderchen rief in den Schneewind hinaus:

„Christkind mit dem goldnen Schlitten,
Liebes Christkind, laß dich bitten,
Die wir dich zu suchen kamen,
Christkind, bring nach Haus uns! Amen!"

Und gerade hatte es so gebetet, da war auf einmal der Wind still, kein Lüftchen rührte sich mehr, und eine rauhe Stimme sprach dicht über den Kindern aus dem Dunkel: „Hallo, wer ruft da im Wald?"

Da erschraken die Kinder sehr, und sie meinten, ein Räuber stünde vor ihnen im Düster.

„Lieber Herr Räuber", weinte das Schwesterchen, „bitte tu uns doch nichts!"

Da lachte es aus dem Finstern: „Ich bin kein Räuber, ich bin nur der Wind! Kommt mit in mein Haus, denn im verschneiten Walde müßt ihr erfrieren!"

Und schon nahm er die Kinder auf den Arm, schlug seinen großen Mantel um sie, und im Hui flog er dahin durch den Schnee. Dann auf einmal wurde es hell, und die Kinder sahen ein großes Feuer, das brannte tief in einer Berghöhle. "So", sagte der Wind, „das ist mein Haus!"

Da freuten sich die Kinder, setzten sich an das Feuer und wärmten sich. Und die alte Windgroßmutter brachte ihnen zu essen und zu trinken.

Der Wind aber wollte schon wieder hinaus in den Wald, da stand auf einmal etwas Weißes im Bergtor, und das war Sankt Nikolaus.

„Hu, wie ist es so kalt im Wald!" sagte er, „und weißt du nicht, Wind, du Herumtreiber, daß heut

Nikolausabend ist? Da muß der heilige Nikolaus zu den Kindern, und du verwehst ihm alle Wege!"

„Daran habe ich gar nicht gedacht, Sankt Nikolaus", sagte der Wind und machte sich ganz klein, „und jetzt will ich gewiß zu Hause bleiben!"

Aber Sankt Nikolaus schüttelte den Kopf und winkte seinem Knecht Ruprecht, der kam groß und schwarz hinter ihm aus der Schneenacht, packte seinen Sack vom Rücken und band ihn auf, als wollte er den Wind hineinstecken.

Aber Sankt Nikolaus hob die Hand hoch: „Nun, nun", sagte er, „dieser Wind ist ja ein wilder Kerl, aber er hat die armen Kinder mit in sein Haus genommen, darum wollen wir ihn noch einmal laufen lassen!" Da freute sich der Wind, und die Kinder freuten sich auch.

„Weil du so ein guter Sankt Nikolaus bist", sagte das Brüderchen, „möchtest du drum nicht ein Briefchen mitnehmen für das Christkind?" Ja, das wollte der Nikolaus gern, und der Knecht Ruprecht mußte den Brief in seine große Tasche stecken.

Zu dem Wind aber sagte er: „Damit die Kinder nun nicht mehr selbst mit ihren Briefchen in den kalten Winterwald zu kommen brauchen, sollst du von heut an alle Jahre durch alle Straßen gehn,

an alle Fenster wehn und die Christkindbriefe sammeln!" Ja, das wollte der Wind gern.

Sankt Nikolaus aber nahm die Kinder bei der Hand. Im gleichen Augenblick war das Feuer im Windberg verschwunden, nur Sturm sauste, Schneeflocken wirbelten, und dann klingelte es auf einmal an dem Haus, wo das Brüderchen und das Schwesterchen wohnten.

Die Mutter lief herbei und machte auf. Und wer stand da? Die beiden Kinder, verschneit und zerzaust vom Wind. Sankt Nikolaus aber war verschwunden. Und die Mutter freute sich sehr, daß die Kinder wieder zu Haus waren.

Als sie aber in die Stube kamen, sieh, da stand auf dem Tisch ein großer Teller mit Äpfeln und Nüssen, Spekulatius und Printen.

„Nun ist der Nikolaus doch dagewesen!" sagte die Mutter, „und wir haben ihn nicht gesehen!" Da lachten die Kinder, und sie erzählten der Mutter alles, was sie erlebt hatten. Die wunderte sich sehr.

Und als es nun Weihnacht werden wollte, hörten sie wirklich des Nachts den Wind mit seinem großen Postwagen durch die Straßen rumpeln, hörten, wie er an die Fenster flog und die Briefchen für das Christkind holte. Und das Brüderchen bekam sein Schaukelpferd und das Schwesterchen die Puppe mit den roten Haaren.

Also legt ja eure Briefchen aufs Fensterbrett, der Wind holt sie noch heut zu Weihnacht an jedem Haus, das Märchen ist aus!

„Das war aber ein schönes Märchen, Hexe Tannenmütterchen!" sagte die Gretel.

„Oh!" rief der Peter, „die oberste Kerze draußen am Baume ist aus!"

„Seht ihr wohl?" sagte die Hexe Tannenmütterchen, „das war der Wind! Ich hab' ihn gerufen, nun kommt er schon!"

Und es dauerte nicht lange, da fingen auch die anderen Kerzen zu flackern an, und dunkel war es mit einem Mal, und ein grauer Kerl steckte den Kopf zum Fenster herein. Hinter ihm aber kamen die Wolken, Wolken über Wolken, um das ganze Hexenhaus dampften und qualmten sie, nebelten und rauchten. Und der Wind rief:

„Ihr habt mich gerufen,
Nun bin ich da!
Bald läuten die Glocken,
Und Weihnacht ist nah!"

Aber die gute Hexe war schon die Treppe hinaufgelaufen, und hinter ihr her die Gretel, und die half nun dem Tannenmütterchen die Betten zum Fenster hinaus in die Wolken schütteln. Da schneite es in großen Flocken, und der Wind blies die Wolken über das Land und die Welt, und immer dichter schneite es.

Schon wurden die Tannen weiß, die Flocken fielen über die Wege, und als das letzte Bett geschüttelt war, schneite es über alle Berge. Und der Peter und die Gretel schauten mit den Tieren zum Fenster hinaus, – da sahen sie den Winter die Waldstraße hinabgehen, ein beschneites Tännchen in der Hand.

Die Hexe Tannenmütterchen aber sagte zu ihnen:

„Kinder, Kinder, nun nach Haus,
Morgen kommt der Nikolaus!
Und mit seinem Schlitten bald,
Fährt das Christkind durch den Wald!"

So sagte sie, und schon liefen die Kinder mit den Tieren aus dem Hexenhäuschen den Berg hinab. Dicht fiel der Schnee um sie her. Und noch gerade ehe es dunkel wurde, kamen sie an das alte Haus.

Wer aber stand da unter der Linde? Der Schneemann mit Zylinderhut und Besen! Da war er also heimgekommen! Ganz still standen die Kinder und freuten sich.

Von weither klingelte es silbern durch den Schnee.

„Hört ihr?" sagte die Großmutter, denn sie wartete schon in der Tür auf die Kinder und die Tiere, „das Christkind fährt durch den Wald!"

Und alle gingen sie ins alte Haus. Und mit der Großmutter setzten sie sich an das Fenster und schauten hinaus in das Schneien. Und leise sang die Großmutter, und die Kinder sangen mit:

„O du fröhliche, o du selige –"

Jón Svensson erzählt seine Erlebnisse auf der Überfahrt von seiner Heimat nach Dänemark:

NONNI

240 Seiten
mit Illustrationen
von Walter Grieder
Bestell-Nr. 17958

Für Nonni ist der 31. Juli 1870 der wichtigste Tag im Leben. Es beginnt die Reise über das Nordmeer von Island nach Dänemark in einem winzigen Segelschiff: Eisberge und Naturgewalten machen die Reise zu einem unerhörten Abenteuer, bis der junge Isländer glücklich in der dänischen Hauptstadt eintrifft. Der Held der Erzählung stellt sich als frischer, erlebnisdurstiger Junge dar, zugleich strahlt die Darstellung Wärme und Zuversicht aus: trotz Gefahr, Bosheit und Not leben die Menschen vertrauensvoll, weil sie sich in der Liebe Gottes geborgen wissen.

Die klassische Erzählung, sprachlich neu bearbeitet, im Großformat, mit neuen packenden Illustrationen von Walter Grieder. Nonni – der Kinderklassiker (seit 1912!) in unserem Verlag. Eine abenteuerliche Seegeschichte von 1870 mit einem liebenswerten Jungen im Mittelpunkt.

VERLAG HERDER FREIBURG · BASEL · WIEN